KB170486

히타이트
점토판 속으로 사라졌던 인류의 역사

히타이트 점토판 속으로 사라졌던 인류의 역사

1판 1쇄 발행 2004년 2월 10일
1판 3쇄 발행 2012년 6월 19일

지은이 이희철
펴낸이 김현정
펴낸곳 도서출판리수

기획·홍보 김현주
북디자인 알디

등록 제4-389호(2000년 1월 13일)
주소 서울시 성동구 행당동 328-1 한진노변상가 110호
전화 2299-3703
팩스 2282-3152
홈페이지 risu.co.kr
이메일 risubook@hanmail.net

ⓒ 2004, 이희철

ISBN 89-90449-16-2 04920
※책값은 뒤표지에 있습니다.
※잘못 제본된 책은 바꾸어 드립니다.

히타이트

점토판 속으로 사라졌던 인류의 역사

이희철 지음

리수

우리 인간들은 모두 자기에게 주어진 몫만큼 살다가 간다. 과거에 있었던 왕조나 제국들도 역사에 나타났다가 사라진 건 마찬가지였다. 사람이나 왕조나 제국들도 다 그들에게 주어진 몫과 역할을 하다가 사라진다. 그런데 이들 모두는 그들에게 속한 시간과 공간을 위와 아래로 연결하고 있다는 공통점이 있다. 모두가 다 시간과 공간의 연결 고리 속에서 살다간 연결 고리의 한 부분이다.

히타이트 제국은 기원전 1700년경 시작하여 기원전 1200년경까지 약 500년간 역사 무대에 등장하였다. 그런데 제국의 멸망과 함께 그들이 남긴 역사의 기록이나 흔적이 땅속에 묻히는 바람에 너무 철저하게 인류의 기억 속에서 사라지게 되었다. 히타이트 역사가 인류 문명사에서 자리 매김을 한 것은 1900년대 초반 그들이 남긴 점토판이 발굴되면서부터 시작되었다. 3,000여 년이 넘도록 암흑 속에 묻힌 그들의 역사가 히타이트를 연구하는 많은 학자들의 연구 결과로 인류 역사와 문명사 속에서 한 자리를 찾게 되었다. 잃어버린 역사 고리 하나를 찾은 셈이다.

그래서 히타이트 역사는 소중하게 간직했던 물건을 잃어버렸다가 다시 찾았을 때의 기쁨을 맛보는 재미가 있다. 히타이트 역사가 밝혀지게 된 것은 20세기 인류 문명사에 안겨준 커다란 선물이었다. 그들이 남겨놓은 점토판이 없었더라면 히타이트는 땅속에서 영원히 묻혀지고 인류의 기억에서 영원히 사라졌을지도 모른다. 히타이트는 자신들의 문화와 문명으로 역사를 만든 제국이었다고 점토판은 말하고 있다. 히타이트인들은 인도·유럽 어족인 히타이트어를 사용하였을 뿐만 아니라, 당대의 수준 높은 법 제도를 갖추고 탁월한 외교력으로 나름대로의 국제 관계를 형성하며 중근동의 강대국으로 성장한 제국이었다.

왜 우리는 지금 인류의 기억속에 잊혀진 히타이트를 기억하려 하는가? 히타이트인들이 살았던 지역은 오늘날 인류 문명의 고향이라고 불리는 터키가 자리하고 있는 아나톨리아 반도이다. 아시아 대륙의 서쪽 끝에 있는 아나톨리아 반도는 고대의 다양한 인류 문명이 발생한 곳으로 소아시아라고도 불린다. 현재 터키가 자리한 아나톨리아 지역은 동서남북 어디를 가도 다양한 인류 문명의 역사가 남아있어 전국이 문명 박물관 같은 곳이다. 이 땅은 고대 히타이트 제국으로부터 시작하여 비잔틴(동로마) 제국, 오스만 터키 제국(터키 공화국의 전신)등 3대 제국(帝國)을 탄생시켰다. 그래서 아나톨리아를 '제국의 땅'이라고 부른다.

역사가 물처럼 흘러가며, 돌고 돌며 순환되는 것이라면 아나톨리아 땅에서 탄생된 비잔틴 제국이나 오스만제국의 시발점은 바로 히타이트 제국이었는지도 모른다. 제국의 역사가 히타이트 시대로부터 이어져 내려왔으나, 히타이트인들이 점토판에 남긴 역사가 그들의 멸망과 함께 땅속 깊숙히 파묻혀버려 히타이트를 이어간 인류는 수천 년 간 그들을 까맣게 잊고 살게 되었다. 이 때문에 인류 문명의 한 가닥을 밝혀주는 히타이트인들의 역사는 아스라한 인류의 기억에 불을 붙이고 있다.

히타이트인들이 먼 옛날에 살아 미개한 생활을 영위하였을 것이라는 우리의 일반적인 추측과 편견은 그들의 역사를 들여다보면서 쉽게 깨질 수밖에 없다. 히타이트 역사는, 인간의 본질과 속성은 세월이 흘러도 변하지 않는 것이라고 우리에게 전한다. 히타이트 역사의 이해는 우리 인류가 인류 문명의 근원을 밝혀내기 위해 얼마나 많은 노력을 기울였으며, 또 히타이트인들은 어떻게 그들의 역사를 일구어나갔는가를 살펴볼 수 있는 지식의 탐구 여정이다. 그들이 사용한 히타이트어가 최초의 인도·유럽 어족이었다는 것 외에도 히타이트 군대가 막강한 이집트 람세스 2세 군대와 전쟁을 치른 중근동의 강대국이었다는 사실만으로도 히타이트의 역사와 문화의 무게가 느껴질 수 있다.

히타이트는 작은 소왕국이 아니었다. 히타이트인들은 인류가 최초로 집단 거주지를 형성하며 살았던 아나톨리아 땅에서 최초의 정치 세력을 가진 국가로 등장하여 이집트, 아시리아와 함께 고대 오리엔트 3대 제국으로 부상한 강대국이었다. 그들은 현재 터키의 중앙부를 수도로 하여 세력을 확장해나간 제국이었다. 히타이트와 동시대에 있었던 바빌론, 아시리아, 이집트는 세계사 속에서 이미 확고한 자리를 차지하고 있지만, 히타이트의 역사는 뒤늦게 자리매김을 하고 있는 중이다. 히타이트인들은 바빌론, 아시리아, 이집트와 패권 싸움에서 결코 지지 않고 역사를 주체적으로 이끌어나갔다. 그들은 바빌론을 멸망시키고, 중근동 패권 국가로 등장하려는 아시리아의 세력 확장을 저지하는 한편, 이집트와는 대전쟁을 치르고 인류 최초의 평화 조약 체결이라는 역사적 대사건을 만들어냈다.

이 책은 철과 말을 다루는 기술을 원동력으로 세계의 질서를 한때 자신의 것으로 만들려는 패권 의지를 갖고, 인류 문명사의 한 장을 장식한 히타이트의 역사와 문화를 일반 독자에게 알리고자 하는 목적에서 만들어졌다. 그러므로 너무 학술적인 역사상의 설명보다는 히타이트 역사의 전체적인 흐름을 알 수 있도록 개괄적인 체제로 기술하였다. 이 책은 히타이트 역사를 이해하기 위해 필요한 히타이트 유적지의 발굴과 히타이트 언어의 해독 역사 등을 포함한 기초 지식을 제1부에 소개하였으며, 제2부에서는 히타이트의 역사를 대사건 중심으로 기술하면서, 역사상 기술을 가능한 단순화하여 독자의 이해를 돕도록 하였고, 제3부에서는 히타이트 인들의 문화와 생활상을 엿볼 수 있도록 하였다. 마지막 제4부에서는 히타이트 역사에 구체적인 관심을 가진 독자들이 현장을 답사 확인하는 데 도움이 되도록 히타이트 역사가 남아 있는 주요 유적지를 상세하게 소개하였다. 그러므로 이 책은 인류 문명의 발자취에 관심을 갖는 독자들이 히타이트를 큰 틀 안에서 이해하는 데 도움을 줄 것으로 믿는다.

히타이트를 쓰면서 나는 많은 분들의 도움을 받았다. 물론 일생을 바쳐 히타이트를 연구한 학자들의 연구 성과물이 없었다면, 이러한 시도는 가능하지 않았을 것이다. 먼저 이 시도에 정신적인 힘을 불어넣어주신 타흐신 외즈귀치 교수님께 감사드리며, 앙카라의 빌켄트 대학에서 고고학을 전공하고 히타이트와 관련한 많은 자료를 제공해준 야세민 바칸과 아나톨리아 문명 박물관, 초룸 박물관, 카이세리 고고학 박물관, 보아즈칼레 및 알라자회윅 박물관의 관계자들께 감사드린다.

2004년 1월

이희철

차례

1부
히타이트 입문

2003년 5월에 부활한 히타이트 제국

기원전 약 1700여 년부터 1200여 년까지 약 500년 간 터키가 자리한 아나톨리아 반도에서 흥망성쇠(興亡盛衰)의 역사를 장식한 고대 히타이트 제국. 히타이트 제국의 이야기는 지금부터 말하자면 약 4,000년 전의 일로 거슬러 올라간다. 바로 그 히타이트 시대의 5월 8일이 어떤 날이었는지는 지금 알 길이 없다. 히타이트 왕이 왕좌에 오른 날일 수도 있고, 아니면 폐위된 날일 수도 있다. 히타이트 군사가 전투에서 승리한 날일 수도 있고 또는 패배한 날일 수도 있다. 어찌했건 히타이트인들의 역사가 진행되는 동안 5월 8일은 중요한 일이 한 번쯤은 있었을 것이다.

2003년 5월 8일을 서두에서 군이 거론하는 이유는 히타이트인들의 존재가 과거에 명백하게 있었음을 세상에 널리 알리는 영화가 바로 이날 히타이트 제국의 고향인 터키에서 개봉되었기 때문이다. 중근동(中近東) 지역에서 한때 세계의 역사를 뒤흔들어놓았던 히타이트 제국이 있었다는 사실이 고고학자들의 발굴로 세상에 처음 알려지기 시작한 것이 고작 100여 년밖에 안 되었고, 그간 인류 문명사의 한 장을 밝히려는 수많은 학자들의 피땀 어린 열정과 노력으로 히타이트 제국의 역사가 구성된 것도 겨우 70여 년 전의 일로, 히타이트인과 히타이트 제국의 역사를 조명한 영화 개봉은 인류 문명사의 재창조라는 면에서 실로 뜻 깊은 일이다.

그 영화는 바로 '히타이트인'(The Hittites, 터키어 Hititler)이라는 제목으로 히타이트인들이 일구어온 역사와 문화를 설명한 다큐멘터리 형식의 영화인데, 히타이

THE HITTITES

The Empire That Changed The Ancient World...

NARRATED BY
ACADEMY AWARD® W
JEREMY IRONS

AN EKIP FILM/DIGITAL RANCH PRODUCTION **THE HITTITES**
WRITTEN, PRODUCED AND DIRECTED **BY TOLGA ÖRNEK**

영화에서 묘사된 히타이트 전사들.

트에 관한 영화로는 세계 최초로 터키에서 제작되었다. 터키와 미국의 합작인 이 영화는 다큐멘터리 형식을 따르면서 일부 극적(劇的)인 장면도 첨가하고 히타이트의 옛날 성곽이나 이집트 람세스 2세 군대와 가진 전투 장면 등을 컴퓨터 그래픽 기술로 입체감 있게 만들어, 다큐멘터리의 지루함을 극복하고 시중 영화관에서 개봉되었다. 그러면 히타이트 영화가 왜 터키에서 만들어졌는가? 그것은 히타이트의 역사가 오늘날 터키가 자리하고 있는 아나톨리아 반도에서 이루어졌기 때문이다. 이 영화로 히타이트인들의 역사는 물론이지만 고대 히타이트 제국의 수도인 하투샤가 첨단 과학 기술을 자랑하며 사는 우리들에게 새롭게 다가오게 되었다.

이 영화는 우리 나라 방송사의 역사 스페셜과 같은 것이다. 터키판 역사 스페셜 히타이트는 히타이트 제국이 멸망한 기원전 1200년경 이후부터 지금까지 3,200년 동안 암흑에 파묻혀 인간의 기억 속에서 사라져버린 제국의 역사를 체계적으로 일

← 히타이트 영화 포스터.

반인에게 알려주기 위한 과감한 시도라는 점에서 의의를 찾을 수 있다. 아나톨리아 반도에서 제국을 이루며 엄청난 문화와 문명을 남긴 히타인트인들을 파고들어가면서 고대 왕국의 실록을 만들어낸 것이다. 인류 문명의 역사 스페셜인 영화 '히타이트인'은 히타이트 제국을 아래와 같이 명쾌하게 다섯 줄거리로 요약하고 있다. 히타이트를 특징짓는 다섯 가지 요약을 큰 줄거리로 하여 타임 머신을 탄 히타이트 역사 이야기는 전개된다.

- 인류 역사상 가장 오래된 인도 · 유럽 어족 언어를 사용한 사람들.
- 숭배하는 신(神)이 너무 많아 천의 신을 가진 제국으로 불리는 나라.
- 인류 최초로 국제 평화 조약을 체결한 나라.
- 당대의 수준 높은 법 제도를 갖춘 나라.
- 고대 중근동과 세계 역사를 변화시킨 나라.

히타이트 이야기를 하기 전에, 그 옛날에는 히타이트가 자리했고 지금은 터키 공화국이 자리하고 있는 아나톨리아 반도에 대해서 잠깐 언급하는 것도 히타이트를 이해하는 데 도움이 될 것 같다. 아나톨리아라는 말은 그리스인들에 의해 '해 뜨는 곳', '동쪽'이라는 뜻으로 사용되었다. 로마인들은 아나톨리아 지역을 '소 아시아 반도'라고 불렀으며, 터키 사람들은 이를 '아나돌루'라고 부른다. 터키가 위치한 아나톨리아 반도는 동서 길이가 1,600㎞, 남북 길이는 550㎞로서 한반도의 3.5배나 되는 넓은 지역이다. 아나톨리아의 북부에는 흑해가 있고 남쪽에는 지중해, 서쪽에는 마르마라해와 에게해가 있어 이들 해양은 인류 문명의 발상과 밀접한 관계를 맺고 있다. 터키인들이 중앙 아시아 지역에서 아나톨리아로 들어오기 시작한 때는 10세기경이었지만, 아나톨리아 반도는 터키인이 들어오기 이전, 저 멀리 구석기 시대부터, 신석기 시대, 청동기 시대, 히타이트 시대, 프리기아 시대, 우라르트 시대, 리디아 시대, 페르시아 지배 시대, 헬레니즘 시대, 로마 시대, 비잔틴 시대, 셀주크 시대, 오스만 제국 시대에 이르기까지 다양한 시대의 문명과 문화가 명멸한 곳이다.

아나톨리아 반도에서는 무슨 이유로 굵직한 인류 역사가 계속 숨쉬고 지나갔을까? 아나톨리아 반도는 동방과 서방을 연결하면서 인간이 생활하기 가장 좋은 기후인 온대권에 위치하기 때문이다. 또한 아나톨리아는 북극에 비해 적도에 더 가깝게 위치함으로써 아나톨리아를 에워싼 3대 해양인 흑해, 지중해, 에게해 지역 및 내륙 지방에서 다양한 기후가 나타나고 있다. 아나톨리아 지역은 풍부한 수자원, 온화한 날씨, 충분한 일조량 등 인류가 정착하기 좋은 조건을 갖추고 있었다. 좋은 기후와 풍부한 농작물이 있는 이 곳은 인간이 정주하기에 다른 어떤 곳보다도 적합하였다. 아나톨리아 반도에서 인류 정주의 역사는 기원전 6500년 전으로 거슬러 올라간다. 지금으로부터 8,500년 전의 일이다. 인류가 정착하여 집을 짓고 집단으로 살았던 인류 최초의 집단 거주지가 터키의 중부 내륙 도시 콘야로부터 가까운 차탈회윅에서 발굴되었다.

아나톨리아에서 인류가 집단 거주지에 정착하기 시작하여 4,500여 년이 지나고 있을 때 히타이트가 이 지역에서 최초의 정치 세력을 가진 국가로 등장하였다. 지금부터 4,000여 년 전의 일이다. 히타이트는 아나톨리아에서 잠시 살다 지나간 과객(過客)이 아니었다. 그들은 자기들의 언어를 가지고 주변 소왕국들의 다양한 문화를 받아들이면서 세력 확장에 힘써 이집트, 아시리아와 함께 고대 오리엔트 3대 제국의 하나로 부상할 만큼 큰 나라였다. 히타이트 제국은 아나톨리아 반도의 역

여러 문명이 거쳐간 아나톨리아 반도는 국토 전체가 인류 문명의 박물관이다.

사는 물론 인류 문명의 역사에서 분명히 자신의 자리를 차지했던 제국이었다. 그들은 탁월한 행정력과 외교력을 바탕으로 속국들과의 유대 관계를 유지하였을 뿐만 아니라, 형법, 가족법, 민법, 상법 등 법전을 마련하여 법치 국가의 기틀을 다지고, 뛰어난 부조(浮彫) 조각 작품을 남기는 예술성을 보여준 문명인들이었다.

그렇다면 히타이트는 인류 역사의 연속선상에서 어디쯤 위치하고 있는 것일

까? 지금부터 5,000년 전인 기원전 3000년경에 메소포타미아 지역에서는 수메르인
들이 도시 왕국 시대를 열면서 구리와 주석을 합금하여 청동을 만들어 사용함으로
써 청동기 시대 문명을 활짝 열었다. 메소포타미아에서 수메르 문명이 일어나는
시기에 이집트에서도 문명이 발달하기 시작하였다. 메소포타미아에서 일어난 수
메르 문명은 아카드의 사르곤 왕에 의한 아카드 왕조 시대로 이어졌고, 충분한 국

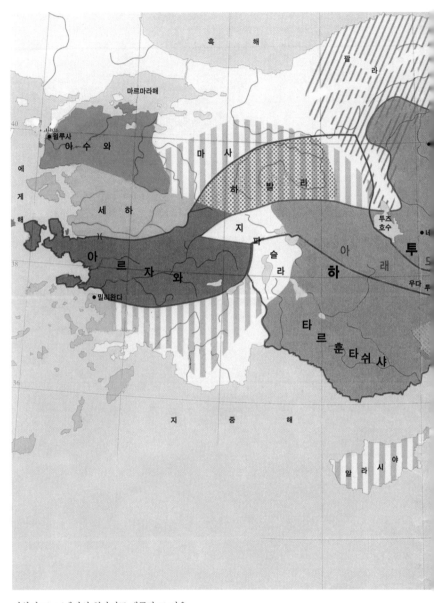

흑 해

팔 라

마르마라해

월루사

아 수 와

마 사

하 발 라

에

세 하

지

투즈
호수

너

투

아

르

자 와

파

슬

라

아

래

하

우다 투

밀리완다

타
르
훈
타
쉬
샤

지 중 해

알 라 시 야

기원전 15~14세기의 히타이트 제국과 그 이웃.

22

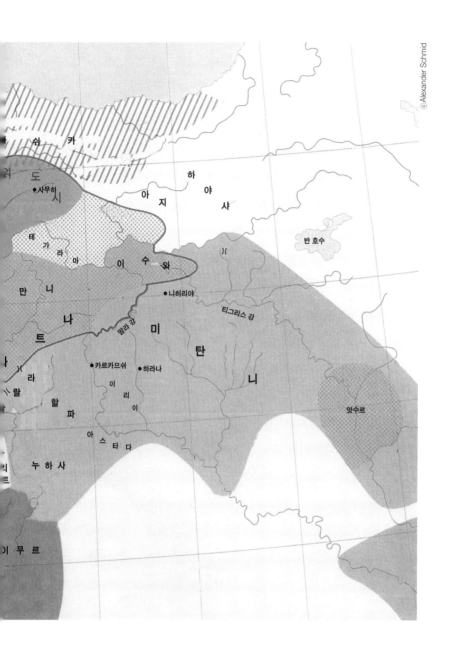

쉬 카

러 도

사무하 시

테 가 라 마

만 니

나

트

라

랄

할 파

이

누 하 사

이무르

하

아 지 야 샤

반 호수

)(

이 수 와

니히리야

티그리스 강

말라 강

미 탄 니

카르카므쉬 하라나

이 리 이

아 스 타 다

앗수르

가 조직을 가지지 못한 아카드 왕조가 쇠망하자 그 뒤를 이어 함무라비 왕에 의한 고대 바빌론 제국 시대가 이어졌다. 또한 티그리스 강 상류의 앗수르에서도 기원전 3000년경부터 고대 문명이 일어나고 있었고, 앗수르를 중심으로 한 아시리아는 기원전 1300년대에 이르러 고대 세계의 무대에서 주도권을 행사하였다.

세계 역사를 볼 때, 기원전 3000년경을 전후하여 메소포타미아의 유프라테스 강과 티그리스 강, 이집트의 나일 강, 인도의 인더스 강, 중국의 황허 유역에서 문명이 일어났고, 청동기의 사용과 문자의 사용 등으로 인류는 선사 시대(先史時代)를 지나 역사 시대(歷史時代)로 접어들게 되었다. 히타이트가 역사 무대에 등장한 시기는 기원전 2350년경 아카드 시대, 기원전 2050년경 이집트의 중왕국 시대, 기원전 1800년경 바빌론 고대 왕국 시대 이후 함무라비 치세(기원전 1728~1686년)에 의해 함무라비 법전이 편찬된 시기와 때를 같이한다. 히타이트 시기에 우리 나라는 단군왕검이 평양성에 도읍을 정하고 세운 고조선(기원전 2333~108년)의 역사가 계속되고 있었다. 중국에서는 기원전 2200년경 하(夏) 왕조와 은(殷) 왕조가 중국 고대 국가를 출현시켰고, 그 뒤를 이어 기원전 1000년경에는 주(周) 왕조가 일어났다.

암흑 속에 묻혀 있던 히타이트의 역사는 그들이 남긴 점토판(粘土板)이 발굴됨으로써 밝혀지게 되었다. 이 때문에 우리가 히타이트인들의 역사 기록에 대한 인식을 아무리 칭찬해도 부족하리라. 그들이 작은 점토판에 기록을 남기지 않았더라면, 히타이트인들은 아나톨리아에서 살다 지나간 과객도 되지 못하고 인류의 역사 앞에 영원히 나오지 못했을지도 모른다. 땅 속에 파묻혀 인간의 망각 속에 영원히 사라져버렸을지도 몰랐던 수많은 점토판 문서가 발굴된 것은 인류 문화사를 위한 큰 선물이었다. 그래서 히타이트 제국 유적지와 점토판의 발굴은 20세기 최대의 발굴 걸작품이다.

히타이트는 어떻게 알려지게 되었나

옛날 이집트만큼이나 강성했던 히타이트 제국의 존재는 약 4,000여 년 동안을 역사의 암흑에서 잠자고 있었다. 19세기 이후 고고학자, 언어학자, 역사학자 들의 발굴 및 연구의 결과로 그 존재가 세상에 드러나게 된 히타이트는 오랫동안 학자들만의 영역에 머물러 있다가, 20세기 후반 들어 히타이트에 대한 연구가 독일을 중심으로 유럽은 물론 미국에서, 그리고 아시아에서는 일본에서 활발해지면서 히타이트가 대중 속으로 내려오기 시작하였다. 참으로 다행한 일이다. 새로운 인류 역사와 문화를 캐낸다는 것은 인류의 삶에 대한 새로운 성찰을 가져올 수 있기 때문이다.

히타이트는 기원전 1200년경 정체가 정확하게 밝혀지지 않은 북방 해상 민족에 의해 불타고 약탈되어 폐허가 되었다. 지금부터 3,200년 전경 히타이트 제국은 500년 왕조사를 끝으로 패망하였다. 한때 오리엔트의 강대 세력으로 부상한 히타이트가 역사의 시간과 공간 속에서 사라진 것은 너무나 순식간에 이루어졌다. 그들이 살아 있는 동안 남겨놓은 기록물은 모두 땅 속으로 묻혀버렸고, 그들이 패망한 후로는 아나톨리아 땅에서 히타이트의 역사와 문화를 이어간 민족들이 한 번도 히타이트를 기억해주지 않았다. 그리스가 그랬고 로마가 그랬다. 히타이트는 정말 철저하게 인류의 머리에서 지워졌다. 통일된 문자와 문화를 가지고 엄연한 역사 주체로 있었던 히타이트가 수천 년 동안 암흑에 있다가 어떻게 갑자기 세상의 빛을

보게 되었을까? 히타이트를 세상으로 끌어낸 사람들은 누구인가?

잊혀진 채 암흑 속에서 잠자고 있는 히타이트를 보고 처음으로 기록을 남긴 것은 히타이트가 패망하고 700여 년이 지난 뒤였다. 히타이트 부조물을 처음 목격하고 기록으로 남긴 사람은 역사의 아버지라 불리는 헤로도토스(기원전 490~425년)였다. 헤로도토스는 아나톨리아 에게해 지역의 이즈미르에 가까운 카라벨에 있는 부조물을 보기는 하였지만, 이것을 트라키아 반도(현재 그리스와 터키의 접경 지역)까지 원정한 이집트의 세소스트리스 3세의 것이라고 생각하였다. 물론 이것은 잘못 해석한 것이었다. 히타이트 역사가 땅 속에서 긴긴 잠을 자고 있는 상태에서 헤로도토스가 이 땅에 히타이트가 숨어 있다는 사실을 생각할 수가 없었기 때문이었다.

그로부터 무려 2,000여 년이 지난 17세기에 터키인 여행가 에블리야 첼레비가 아나톨리아 중앙 콘야의 에렐리 근처의 이브리즈 저수지 옆에 있는 히타이트 부조물을 보았지만, 그도 역시 이것이 히타이트 부조물이라고는 상상하지도 못했다. 그 뒤 1737년에 프랑스인 쟝 오테도 이브리즈 암석의 부조물에 있는 상형 문자를 보았지만, 그도 이를 이집트의 문자라고 생각할 수밖에 없었다. 이들은 모두 여행하면서 히타이트인들이 남긴 부조물을 우연히 보게 되었지만, 그 부조물들이 히타이트인들이 남긴 것이라고는 상상하지도 못하였다.

아나톨리아 폐허에 미궁(迷宮)으로 남아 있는 히타이트의 비밀을 캐내는 중요한 단서는 시리아에서 시작되었다. 1812년 스위스 학자인 요한 루트비히 부르크하르트는 시리아의 오론테스 강 중류 왼쪽 기슭에 있는 도시 하마의 시장 건물에 있던 기념비에 새겨진 문자를 발견하였다. 그는 1822년『시리아와 성지 여행』이라는 자신의 책에서 기념비에 새겨진 이상한 그림들과 기호는 이집트의 상형 문자와는

← 기원전 730년경 콘야의 에렐리 근처의 이브리즈 저수지 옆에 있는 히타이트 후기 시대의 부조물. 와르팔라와스 왕이 밀짚과 포도 송이를 들고 있는 풍요의 신에게 두 손을 모아 경의와 감사를 드리고 있다.

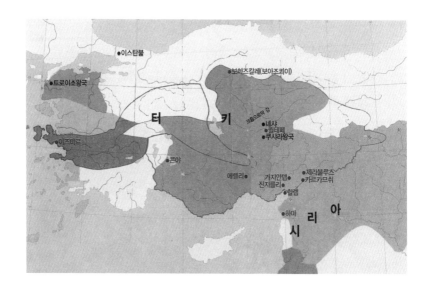

완전히 다른 상형 문자이지만 그것이 무슨 문자인지는 모르겠다는 문제 제기를 최초로 하였는데, 어느 누구도 이에 관심을 가져주지 않았다.

이 즈음, 프랑스인 샤를르 텍시에가 1834년 아나톨리아 중부 고원에 있는 보아즈쾨이와 야즐르카야를 방문하고, 이 지역에 남아 있는 부조물과 문자들에 관한 기록을 남겼다. 그는 야즐르카야 부조물은 아마존과 그리스인의 전설적인 전쟁을 기록한 것이며, 보아즈쾨이의 신전은 제우스 신전이라고 생각했다. 그러던 중 1870년 시리아를 여행하던 A. 존슨과 S. 제섭이라는 미국인 두 사람에 의해 이상한 그림과 기호가 있는 하마 시장의 기념비석이 세 개나 더 발견되었고 이에 관한 간략한 보고서도 나왔는데, 하마석의 탁본을 뜨는 데는 성공하지 못하였다. 현지 주민들은 작은 그림과 기호가 들어 있는 기념비가 병을 낳게 해준다고 믿고 있었기 때문에, 외지인들이 와서 만져보고 탁본 뜨는 일을 결코 허용하지 않았던 것이다.

이런 상황 아래, 알 수 없는 그림과 기호로 된 기념비를 벽에서 떼어내어 이스탄불로 보낸 사람은 아일랜드 선교사인 윌리엄 라이트였다. 당시 시리아는 오스만 터키 제국의 영토로 오스만 제국 조정으로부터 도지사가 파견되었는데, 윌리엄 라이트는 도지사의 협조 및 정통 이슬람 주민들을 설득하는 데 성공하여, 1872년 소위 하마석이라고 불리는 기념비를 시리아에서 오스만 터키 제국의 수도인 이스탄불로 보냈고, 탁본은 대영 박물관으로 보냈다.

시리아 하마에 있는 기념비의 발견에 이어, 대영 박물관은 1876~1879년 사이에 터키와 시리아 국경에 접한 카르카므쉬에 대한 발굴 작업을 시작했고, 영국의 W. H. 스킨과 조지 스미스가 유프라테스 강 근처 시리아 쪽의 제라불루스 근처에서 부조물과 상형 문자를 발견했다. 카르카므쉬는 터키와 시리아의 국경 지역에 위치한 곳으로 나중에 후기 히타이트의 도시로 알려졌다. 여기서 놀라운 것은 시리아의 하마 기념비에 있는 문자와 카르카므쉬, 즉 아나톨리아에서 발견된 문자가 같다는 사실을 확인한 것이었다. 역사가들의 호기심에 불이 붙게 되었다. 시리아의 하마에서 발견된 기념비의 문자와 아나톨리아에서 발견된 부조물의 문자가 같은 것이라면, 분명 어떤 왕조가 이 지역에 광범위하게 존재하였을 것이라는 사실이 부각되었다. 그렇다면 그들은 누구란 말인가?

근동의 역사를 연구하는 학자들은 이미 아시리아 설형 문자나 이집트의 상형 문자를 해독해놓았는데, 그들은 아시리아인들이 기록한 '하티'나 이집트인들이 적대 대상으로 기록해놓은 '헤타'에 주목하기 시작하였고, 구약 성서 여러 곳에 나오는 '헷족'과의 관계에 관심을 갖고 연구하기 시작하였다. 성경에는 창세기, 민수기, 여호수아, 사무엘 하, 열왕기 하, 역대 하, 에스겔 등에서 11차례나 히타이트인이 등장하고 있다. 구약 사무엘 하에는 다윗이 헷족 출신인 우리야의 처 바쎄

바를 아내로 삼게 되는 이야기가 나오고, 열왕기 하에는 진지를 두고 도망간 시리아군의 형상이 묘사되면서 전차내 및 기마대, 헷의 왕이라는 말이 나온다. 또 민수기는 헷족이 여부스족, 아모리족과 함께 산악 지대에 살고 있다고 기록하였다. 구약 성서의 창세기, 열왕기 하에서는 헷족이 힘이 있음을 암시하였으며, 여호수와, 민수기에서는 이들이 소수 민족으로 등장하고 있다. 구약 성서에서는 아브라함이 그의 부인 사라가 죽자 헷족속으로부터 헤브론의 막벨라 동산을 사서 그곳 동굴에 장사 지냈으며, 다윗은 예루살렘에 살던 헷 사람 우리야의 아내 바쎄바를 불러다 동침하여 솔로몬을 낳았는데, 그는 헷족 상인들로부터 철제 이륜 전차를 구입하였다고 전하고 있다. 성경에 나타난 히타이트인들은 주로 땅 소유나 여자 관계와 같은 사소한 사항들과 연관되어 있다. 시리아와 소아시아 반도에 대해 새로운 지식을 얻기 시작한 19세기 역사가들은 헷족을 예수가 태어나기 이전에 이 지역에서 살았던 사람들이라고 단정하기 시작하였다.

하마와 할렙(현재의 알레포) 같은 시리아 도시에서 이집트 상형 문자와 유사하지 않은 석판이 발견된 데 이어, 아나톨리아 중앙부 촌락인 이브리즈에 있는 부조물에 대한 정보가 알려지게 되자, 탐구심 많은 사람들이 아나톨리아 고원에서 히타이트의 흔적을 찾으러 나서게 되었다. 19세기에 접어들면서 아나톨리아를 여행한 프랑스의 한 여행가에 의해 아나톨리아에 숨겨진 역사가 드러나는 중요한 계기가 마련된다. 그가 바로 터키 공화국의 전신인 오스만 제국의 땅을 1834년에 밟은 프랑스인 샤를르 텍시에였다. 지금부터 170여 년 전의 일이다.

샤를르 텍시에는 히타이트 역사를 밝혀줄 단서가 되는 곳을 방문하게 된다. 그는 아나톨리아 중앙 북부 지방을 여행하면서 크즐으르막 강(옛날 이름 할리스 강) 하류의 평원을 지나 고원에 자리한 '보아즈쾨이' 라는 촌마을에 도착하여 이 곳에

야즐르카야에 있는 암벽 부조물.

있는 폐허와 만나게 되었다. 언덕의 정상에서 그는 커다란 성벽과 성문의 잔해와 거석(巨石)이 산재한 땅 여기 저기에 널려진 무수한 폐허의 잔해를 보았다. 새로운 것을 발견한 텍시에는 감동과 흥분이 극에 달했지만, 이 폐허의 주인공이 누구인지는 알 길이 없었다. 이 곳이 히타이트의 역사를 밝혀줄 단서가 되리라고는 감히 생각하지도 못하였다.

보아즈쾨이의 폐허를 목격한 텍시에는 이 곳에서 2km 떨어진 야즐르카야를 보고 또 한 번 놀랐다. 깎아 지른 듯한 암벽 속에 허리띠를 메고 뾰족 모자를 쓰고 일렬로 행진하고 있는 사람들의 모습, 또 뭐하는 것인지 알 수 없는 사람들의 모습과 상징물이 새겨져 있었다. 그렇다면 보아즈쾨이의 폐허와 야즐르카야에 있는 암벽

후기 히타이트인들이 기념비에 남긴 상형 문자.

부조물과의 관계는 무엇이란 말인가? 해결할 수 없는 궁금증으로 답답했지만, 히타이트는 그에게 너무 땅 속 깊은 데 있었다. 1839년 텍시에는 아나톨리아, 특히 보아즈쾨이와 야즐르카야를 방문한 기록을 담은 『소아시아의 소묘(素描)』(Description de L' Asie Mineure) 라는 책을 파리에서 발간하였다.

텍시에가 발간한 아나톨리아 여행기 『소아시아의 소묘』는 고고학계를 곤혹스럽게 만들었다. 도대체 소아시아의 소묘에 기록되고 그려진 이 폐허는 무엇이란 말인가? 당시 고고학적 발굴은 이집트나 메소포타미아에 집중되어 있었다. 새로운 학문 영역으로 등장한 고고학계에게 이집트나 메소포타미아에 대한 발굴과 연구는 매우 매혹적이고 흥미진진한 것이었다. 그들에게는 이 지역이야말로 인류 문명의 중심지였다. 그래서 이집트에서 발굴 작업을 진행하던 리차드 레프시우스는 야즐르카야의 부조물은 이집트의 것이라고 쉽게 단정해버리고 말았다.

텍시에에 이어 영국인 윌리엄 헤밀턴이 1835년에 보아즈쾨이를 방문하여 폐허를 확인하고, 또 텍시에가 발견하지 못한 알라자회윅의 폐허도 보았다. 보아즈쾨이 폐허 방문 대열에는 프랑스, 영국인에 이어 독일인도 끼게 되었다. 1861년 독일 여행가 헤인리히 바르트가 보아즈쾨이를 방문하고 연구하기 시작하였고, 1876~1879년에는 대영박물관이 터키-시리아 국경 지역에 있는 진지를리(옛이름 사말)에 대한 발굴 작업을 시작하였다. 1876~1877년 사이에 영국인 헨리 세이스에 의해 '히타이트'라는 말이 어떤 민족의 이름으로 처음 사용되기 시작하였고, 보아즈쾨이의 비밀을 캐려는 유럽 사람들의 방문과 연구는 이후에도 계속되었다.

히타이트의 비밀을 찾으려는 사람들의 관심이 아나톨리아 중앙 고원으로 몰리고 있을 즈음, 이집트 상형 문자 기록에 언급된 '헤타'와 아시리아 점토판에 기록된 '하티'라는 말은 비밀의 열쇠를 푸는 단서가 되는 두 가지 중요한 정보였다. 헷족, 헤타, 하티. 역사학자들은 우연치고는 너무도 유사한 세 단어 간의 역사적 관계를 조사하기 시작하였다.

이집트의 투트모스 3세(기원전 1459~1426년)가 헤타 군대와 싸웠으며, 그 후 200년 후인 13세기에 람세스 2세(기원전 1279~1213년)가 헤타의 왕과 조약을 체결하였다는 이집트의 기록은 히타이트를 찾아나서는 학자들에게 큰 빛이 되었다. 드디어 1876년 세이스는 하마의 상형 문자는 히타이트의 것이라고 주장하였고,

1879년에는 "소아시아의 히타이트 민족"이라는 논문도 내놓았으며, 1888년에는 『잊혀진 제국의 이야기, 히타이트』(The Hittites, The Story of a forgotten Empire)라는 책을 발간하였다. 역사학자들은 헷족, 헤타, 하티는 모두 히타이트를 의미한다고 결론 내리기 시작하였다. 이제 히타이트가 어디에 숨어 있는지 찾아내는 것은 고고학자들의 몫이 되었다.

그러던 중 1887년 이집트의 텔 엘 아마르나에서 350점이 넘는 점토판 서신들이 발견되는데, 바로 이것이 히타이트의 역사를 밝혀주는 결정적인 단서가 되었다. 이 점토판 서신 중에는 후에 히타이트어를 밝혀주게 될 두 개의 서신이 있었다. 그중 하나는 아르자와 왕이 이집트의 왕에게 보낸 편지였고, 또 다른 편지는 이집트 왕이 아르자와 왕자에게 보낸 것이었다. 이들 서신에 사용된 언어는 히타이트어가 밝혀질 때까지 '아르자와어'로 알려질 수밖에 없었다. 또한 이들 점토판 서신 중에는 하티(이는 나중에 히타이트로 밝혀졌음)를 언급하고 있는, 아카드어로 된 점토판이 많이 발견되었다. 이들 점토판 서신은 기원전 1390~1336년 이집트의 아메노피스 3세와 4세 때의 것으로 당시 국제 외교어로 인정된 아카드어로 기록되었던 것이다. 그중 대표적인 것은 하티의 수필룰리우마 대왕이 이집트의 파라오 아메노피스 4세의 즉위를 축하하기 위해 보낸 서신이었다. 다른 점토판에서는 북시리아와 동부 지중해 연안에 있는 하티 나라의 군대에 관해 언급하였다. 아카드어 설형 문자는 이미 오래 전에 해독이 된 상태였기 때문에 아마르나 점토판을 해독하는 데는 별 어려움이 없었다.

서신에 언급된 하티 나라는 어디에 있는 나라인가? 수많은 아마르나 서신 중 위에 언급된 두 개의 서신은 읽을 수 있는 설형 문자로 되어 있었으나 당시는 해독할 수가 없었다. 그 편지는 지금껏 들어보지도 못한 아르자와 왕에게 보낸 것이었다.

2003년 7월 한여름에도 독일 고고학자들에 의한 발굴 작업이 하투샤에서 계속 되고 있다.

아르자와는 또 어디에 있는 나라인가? 알 수가 없었다. 그런데 프랑스 고고학자 에르네스 샹트르가 1893년 보아즈쾨이에서 똑같은 문자로 기록된 점토판을 최초로 발견하게 된다. 그렇다면 하티와 아르자와는 소아시아 반도에 있다는 말인가? 고고학자들의 관심이 여기에 모아지게 되었다.

하티와 아르자와가 소아시아에 있다고 판단한 고고학자들은 소아시아에서 발굴 작업을 시작하게 되었다. 1900년대 초에는 독일과 이 분야에 뒤늦게 진입한 미국이 1893년부터 점토판이 발견되기 시작한 보아즈쾨이에 대한 발굴 작업을 위해 오스만 제국의 조정으로부터 허가를 받아내려고 치열한 경쟁을 벌였다. 당시 오스만 조정에는 친독일파가 많았고, 고고학에 관심이 많은 빌헬름 독일 황제의 로비로 보아즈쾨이에 대한 발굴 작업 허가가 독일에 떨어지게 되었다. 그리하여 베를린에 살고 있던 위고 빙클러는 아마르나 문서고에서 발견된 아르자와 편지와 샹트르가 보아즈쾨이에서 발견한 설형 문자 점토판이 서로 비슷하다는 것에 주목하고, 발굴 작업을 하기 위해 1906년 터키의 보아즈쾨이를 찾았다.

그는 독일 근동학회의 이름으로 보아즈쾨이의 발굴 작업을 하였고, 1911~1912년 사이에 이 곳에서 또 한 번의 발굴 작업을 주도하였다. 빙클러는 보아즈쾨이 발굴에서 1만 개 이상의 점토판을 발굴해내는 개가를 올렸다. 히타이트가 세상에 나오는 순간이었다. 제1차 세계대전 전후 잠시 중단된 발굴 작업은 1931~1939년 간 잠시 재개되어 3,700여 개의 점토판이 발굴되었으며, 제2차 세계대전 전후로 또다시 중단되었다가 1952년부터는 발굴 작업이 끊임없이 계속되고 있다. 1906년 발굴된 점토판의 문자 해독은 발굴된 지 9년 후인 1915년에 체크인 학자에 의해 해독됨으로써, 점토판의 기록을 통해 암흑 속에 묻혀졌던 히타이트의 역사가 세상에 나오게 되었다.

히타이트 언어의 해독
"당신은 빵을 먹고 물을 마실 것이다"

빙클러가 보아즈쾨이에서 발굴 작업을 시작하기 이전에 영국인 세이스는 아나톨리아의 이즈미르에서부터 북부 시리아에 걸쳐 있는 석조 부조물과 돌에 새겨진 문자들의 양태가 비슷하므로 이것은 같은 민족들이 남긴 것이 틀림없으며, 이 민족은 바로 성경에 나오는 헷족(Heth)이라고 보았다. 세이스는 시리아 북부에 있는 상형 문자와 아나톨리아에 있는 야즐르카야, 알라자회윅, 이브리즈에 있는 비문들과는 서로 연관 관계가 있음을 주장하였다.

성경은 헷족이라고 했는데, 왜 히타이트가 되었을까? 헷이 히타이트가 된 이유는 이렇다. 언어 판독 학자들이 구약 및 히브리어 성서에 기록된 헷족과 히티(Hitti), 히티의 복수형인 히팀(Hittim)을 근거로 각국의 언어로 이를 번역하는 과정에서 '헷족이나 히티와 히팀'이 '히타이트'로 둔갑하게 되었다. 독일어로는 헤티테르(Hethiter), 영어로는 히타이트(Hittites), 불어로는 히티트(Hittites), 이탈리아어로는 이티티(Ittiti)로 번역되었다. 그래서 구약 성서에 기록된 헷족과 히브리어 성서에 기록된 히팀은 모두 히타이트를 가리키는 말이 되었다. 히타이트라는 말은 구약에 나오는 헷족을 번역하는 과정에서 생기게 된 말이었다.

사실, 히타이트인들은 자신들이 살았던 고향의 이름을 따서 자신들을 하티인이라고 불렀다. 그들이 자신들을 한 번도 히타이트인으로 부르지 않았음에도 불구하고, 하티인들이 히타이트인으로 둔갑하게 된 것은 순전히 성경 번역 때문이었다.

체크인 학자 흐로즈니에 의한 퀼테페의 발굴 모습.

국가와 민족의 이름으로 히타이트라는 말은 아예 없었던 말이었다.

아나톨리아에서 발굴된 점토판은 1910년부터 해독을 위한 연구 작업이 진행되었다. 1913년 빙클러가 세상을 떠나자 보아즈쾨이에서 발굴된 설형 문자 점토판의 해독 작업은 독일 오리엔트 학회 소속 학자인 독일인 에른스트 바이드너와 체크인 프리드리히 흐로즈니에게 넘어갔다. 히타이트 문자는 아시리아 전공 학자인 흐로즈니가 해독하였는데, 후에 그를 히타이트 문자 해독의 아버지로 불리게 한 점토판의 문장은 바로 이 문장이었다.

nu ninda-an ezzatteni vadar-ma ekutenni
누닌다-안 에자테니 바다르-마 에쿠테니

위 문장은 히타이트 제문(祭文)에 있는 글이다. 1915년에 흐로즈니는 수수께끼 같은 이 문장을 해독하는 데 성공하였다. 이 문장의 뜻은 "당신은 빵을 먹을 것이며, 물을 마실 것이다"이다. 흐로즈니는 'ninda'라는 말은 수메르어로 빵이라는 뜻임을 금방 알 수 있었다. 왜냐하면 수메르 표의 문자(表意文字)는 이미 오래 전에 해독된 상태이기 때문이었다. 빵을 쉽게 해독한 흐로즈니는 빵이 있으니 '먹다'라는 말이 올 것이라고 추론한 다음에 '먹다'에 해당하는 인도·유럽어의 단어를 찾아내기 시작하였다. 먹다라는 말은 영어의 'eat'인데 라틴어로는 'edo'를 찾아낸 다음, 독일 고어 'ezzan'을 찾아냈다. 그래서 문장의 'ezza'를 먹는다로 해석하였다. 'teni'는 라틴어로 당신이라는 뜻이다. 다음 문장의 'vadar'는 영어의 'water', 독일어의 'wasser'와 유사하다는 것을 찾아낸 그는 이 문장의 해석에 성공하였다. 정말 놀라운 쾌거였다. 이 문장의 해독은 이후의 히타이트 연구에 기폭

제 역할을 하였다. 그는 1917년에 히타이트 문법서를 라이프치히에서 발간하였다. 그는 히타이트어 해독을 위한 연구 과정에서 히타이트 언어가 인도·유럽 어족이라는 생각을 굳히게 되었고, 위 문장을 해독해내는 데 성공함으로써 히타이트어가 인도·유럽 어족이라는 주장을 자신 있게 하게 되었다.

흐로즈니의 해독 덕분으로 히타이트 언어는 1930년대에 대부분 해독되고 정리되었다. 히타이트 학자인 독일인 알브레히트 괴체가 히타이트 언어를 조직적으로 연구한 학자로 꼽힌다. 히타이트 언어의 해독은 아카드어나 수메르어의 해독과는 달리 그리 오래 걸리지 않았다. 그 이유는 자신들의 말을 적기 위해 히타이트인들이 차용한 설형 문자를 쉽게 읽을 수 있는데다가, 단어를 떼어가며 적고 문단도 나누어가면서 적은 히타이트어 문장은 띄워 쓰지 않고 계속 쓴 아카드어나 수메르어보다 해독 작업이 쉬웠을 뿐만 아니라, 히타이트인들이 수메르어나 아카드어 단어에 해당하는 히타이트어 단어 목록을 만들어놓은 것도 도움이 되었기 때문이다.

히타이트 언어 해독을 흐로즈니가 혼자 단독으로 했다고는 볼 수 없다. 흐로즈니 이전에 많은 학자들이 히타이트 언어 해독을 위한 사전 연구를 해놓은 것도 흐로즈니의 작업을 쉽게 한 요인이 되었다. 크누드존, 홀마, 바이드너, 포레, 좀머 등이 히타이트 언어 해독을 위해 연구한 학자들이었는데, 흐로즈니는 히타이트어가 인도·유럽 어족이라고 증명할 수 있는 단어 수를 많이 제시함으로써, 이미 1902년에 히타이트 언어가 인도·유럽 어족이라고 주장한 크누드존의 입장을 지지하고 증명한 셈이 되었다. 히타이트 언어가 판독됨에 따라, 점토판에 기록된 그들의 역사와 문화를 구성하는 일이 가능하게 되었다.

히타이트 언어의 연구와 해독은 독일인 또는 독일어를 구사하는 학자들에 의해 집중적으로 이루어졌다. 보아즈쾨이에서 발굴된 점토판은 제1차 세계대전이 일어나기 직전에 독일로 수송되었고, 이 때문에 독일에서는 전쟁 기간 중에 점토판의 해독 작업을 거의 끝낼 수 있었다. 독일이 비밀리에 이룬 연구 때문에 영국이나 프랑스 학자들은 전쟁 중에 보아즈쾨이 점토판을 볼 수도 없었고, 전쟁 중에 히타이트 언어가 해독되었다는 사실조차도 알지 못했다. 히타이트 연구 초기 단계에 독일이 히타이트 연구를 선점함으로써, 독일에서 히타이트학이 태동되었다.

히타이트인들의 정신적 고향
"하티 나라의 땅"

　히타이트의 역사는 그 동안 발굴된 점토판의 해독으로 가능하게 되었다. 그러나 앞에서도 설명했지만 히타이트라는 말은 번역이 낳은 사생아 같은 단어였다. 그 결과 우리는 기원전 1700년경부터 1200년경까지 500년 동안 아나톨리아에서 살았던 사람과 나라를 히타이트인과 히타이트라고 부르게 되었다. 히타이트인들이 남긴 기록에 따르면, 히타이트인들은 그들이 살고 있는 땅을 '하티 나라의 땅'이라고 불렀다. 그리고 자신들도 '하티 나라의 사람'이라고 했다.

　아나톨리아 지역에서 일어난 문명 국가 중 가장 오래 된 것은 하티라는 나라이다. 하티는 아나톨리아에서 기원전 2500년경부터 1700년경까지 800여 년 간 계속된 문명이었다. '하티'라는 말은 지금부터 4,400여 년 전인 아카드 왕국(기원전 2350~2150년) 시대에 처음으로 기록되어 아시리아가 멸망한 기원전 7세기까지 사용되었다. 결국 아나톨리아는 1,500여 년 간 '하티 나라의 땅'으로 알려지게 되었다. 하티라는 말이 동시대의 문명을 대표하는 말로 아나톨리아 땅에서 굳어져버린 까닭에 아나톨리아에 자리한 히타이트인들도 자신들을 하티 나라의 사람이라고 부르게 되었다. 히타이트인들이 남긴 역사 기록에 따르면, 그들은 크즐으르막 강 북쪽에 있는 하투샤를 수도로 한 '하티 나라의 땅'에 살았다. '하투샤'는 현재의 보아즈칼레(원래는 보아즈쾨이였으나 1982년 보아즈칼레로 이름이 바뀌었음)이다.

태양의 원반. 하티 시대의 것으로 알라자회웍에 있는 왕묘에서 발굴된 사슴과 황소상이 있는 태양의 원반이다. 종교 제의 행사 때 사제가 제단에 올려놓는 것으로 아나톨리아 청동기 문화의 대표작으로 꼽힌다.

그러면 히타이트인들이 계속하여 자신들을 '하티 나라의 사람'이라고 했던 '하티'는 어떤 나라인가? 아나톨리아의 청동기 시대는 기원전 3000년경에 시작하여 히타이트가 멸망한 기원전 1200년까지를 포함한다. 중기 청동기 시대에 아나톨리아에서는 신권(神權) 정치를 하는 소왕국들이 있었다. 이들 중 대표적인 것은 크즐으르막 강가의 하티 소왕국과 이스탄불 남쪽의 차낙칼레에 있었던 트로이 소왕국이었다. 히타이트도 마찬가지지만 하티 시대의 나라들은 요즘 우리가 말하는 나라의 개념과는 완전히 다르다. 그 당시 나라란 지배자 한 사람이 성곽을 두르면 나라가 되었다. 다른 말로 표현하면 동네 소왕국이다. 이들은 기록 문자를 사용하지 않은 선사 시대의 신정 국가였다. 아나톨리아에서 선사 시대는 기원전 약 2500년부터 시작하여 히타이트인들이 기록을 남기기 시작한 기원전 1700년경으로 보고 있다.

현재까지도 하티인들이 남긴 역사 자료는 알려진 것이 전혀 없다. 그들이 문자를 사용하지 않았기 때문이다. 하티인들을 알 수 있는 자료는 히타이트나 아시리아인들이 남긴 기록 정도가 전부이다. 극히 제한적인 자료 때문에 하티인들의 역사를 자세히 알 수는 없으나, 하티 사람들의 신전과 종교, 관습 등에 대해서는 히타이트인들이 남긴 기록을 통해 알 수 있게 되었다. 그러나 하티인들의 언어에 대해서는 별로 알려진 것이 없다. 하티어의 특징은 동사나 명사 앞에 접두사를 사용한다는 것이다. 예를 들어 아이라는 뜻의 하티어는 binu인데, 아이들이라는 복수는 binu 앞에 접두어 le를 붙인 lebinu가 된다. 또 명사에는 접미사를 사용하기도 하였다. 예를 들어 왕이라는 뜻의 하티어는 katte인데, 왕비는 kattah였다. 기원전 14～13세기 하투샤의 제의(祭儀)와 관련한 점토판 기록을 보면 히타이트 언어가 아닌 하티어가 삽입되었다. 제의문을 점토판에 기록하면서 하티어가 나오면, 그들은 "사제(司祭)가 지금 말하는 것은 하티어다"라고 기록하여 어느 것이 하티어인지를 구분할 수 있게 해놓았다. 히타이트 기록에 있는 산, 강, 도시, 신의 이름 대부분이 하티어에서 온 것이며, 종교 의식이나 신화도 하티인들의 것에서 유래한 것이다.

인도·유럽 어족인 히타이트 언어와, 히타이트인들의 신화나 관습 등은 하티의 영향을 크게 받았다. 히타이트인들이 믿는 중요한 신들의 이름은 모두 하티식 이름이다. 히타이트인들이 숭배하던 태양의 여신과 그녀의 남편인 풍우신, 그리고 이들의 아들, 손자 신의 이름이 모두 하티식이다. 히타이트인들은 "하티 나라의 천의 신"이라는 말을 남겼다. 그래서 그들을 천명(千名)의 신을 가진 사람들이라고 말한다. 히타이트 왕의 이름 중 투탈리야, 아르누완다, 암무나 등은 하티 나라 신들의 이름이다. 히타이트의 수도 하투샤의 원래 하티식 이름은 하투쉬이다. 히타이트인들은 하티인들이 불렀던 하투쉬에 인도 · 유럽 어족에서 나타나는 주격 어미인 a 또는 as를 추가하여 하투샤 또는 하투샤쉬라고 불렀다.

하티인들이 남긴 유물은 알라자회윅, 호로즈테페, 아흐라트벨, 알리샤르 등지에서 발굴되었다. 알라자회윅에서 발굴된 사슴 동상과 사슴을 둘러싼 태양 원반은 하티인들이 남긴 제의물 중 대표적인 것으로 꼽는다. 사슴과 함께한 태양 원반은 현재 앙카라 시의 상징물이기도 하다. 그러면 히타이트인들은 하티의 땅에 어떻게 들어왔는가? 쿠사라 왕국의 피타나 왕의 아들인 아니타가 남긴 기록을 토대로 살펴보면 역사는 이렇게 전개된다.

"쿠사라 왕국의 군주인 피타나가 밤새 주변의 많은 소도읍과 네샤를 점령하였고, 선왕인 아버지 대신에 군주가 되어 동쪽의 나라들과 싸웠으며, 반란 세력을 진압하여 울라마, 하르키우나, 잘파, 하투쉬와 샬라티와라를 정복하였다. 아니타는 하투쉬도 자신의 아버지가 한 것처럼 밤새 공격하여 완전히 파괴한 후, 이 도시에 저주를 퍼부었다. 아니타는 수도를 네샤로 옮겼다."

여기서 중요한 것은 쿠사라 왕국과 네샤, 하투쉬이다. 아니타 왕은 하투쉬를 정복하고 저주를 퍼부으며 파괴했지만, 그 도시는 다시 재건되었으며, 이후의 통치자들은 자신들의 혈통이 쿠사라 가문에서 온 것이라고 주장하였다. 피타나와 아니타로 이어지는 쿠사라 왕족 가문은 더 이상 이어지지 않았다. 쿠사라가 어디인지

사슴과 함께한 태양의 원반은
현재 앙카라 시의 상징물이기도 하다.

는 아직 정확히 밝혀지지는 않았지만, 일부 학자는 악사라이 근처로 추정하고 있다. 네샤는 현재의 카이세리 근처 퀼테페이다. 히타이트 왕국의 사실상 건국자는 하투실리 1세이다. 사실상이라는 말은 쿠사라 왕족 가문의 피타나와 아니타를 염두에 두고 하는 말이다. 하투실리 왕은 초기에 쿠사라에서 지내다가 하티 도시 국가의 수도였던 하투쉬로 옮긴 이후에 이 곳의 이름도 하투샤로 바꿨다. 그리고 자신들을 하투샤의 사람이라는 뜻으로 하투실리라고 불렀다.

위의 설명을 알기 쉽게 다시 정리하면, 히타이트 선조들이 하티 나라의 땅에 들어와 처음으로 정한 수도는 쿠사라(악사라이 근처?)인데, 아니타 왕에 의해 수도가 네샤(퀼테페)로 옮겨지고, 그 후 하티 나라의 수도였던 하투쉬(보아즈칼레)로 옮겨졌다. 히타이트 역사를 설명한 책에는 카네쉬가 언급되고 있지만, 카네쉬는 네샤의 또 다른 이름이므로 결국은 같은 지명이다. 쿠사라 도시 왕국의 군주 피타나에서 시작하는 왕족 혈통이 바로 히타이트인들의 고대 왕국의 시작을 의미한다. 쿠사라 왕족 가문 출신인 피타나와 아니타가 히타이트 왕국의 선조인 셈이다.

히타이트인들은 하티 나라의 땅에 들어와 하티인들이 남긴 문화의 영향을 크게 받고 살았으며, 하티의 문화를 계승하는 관용과 여유를 보였다. 히타이트인들은 이전 하티 나라 땅의 지배자가 되어 이 지역을 지배했지만, 하티 문화의 계승자로 문명화된 히타이트 제국의 역사를 일구어나가는 기초를 닦았다.

히타이트인들은 어떤 언어를 사용했을까

히타이트 사람들은 자신들의 언어를 나쉴리, 네쉴리, 네슘릴리 등으로 불렀다. 적어도 히타이트의 수도가 하투샤이니까 하투샤어라고 불러야 할 것 같은데 그렇지 않다. 이 단어들은 모두 네샤라는 지명에서 유래한다. 네샤는 아나톨리아 반도에서 상업 활동을 하던 아시리아 상인들의 중심지인 카이세리 근처의 퀼테페의 옛 이름이다. 네샤는 초기 히타이트 시대의 수도 이름이며, 네샤의 또 다른 이름은 카네쉬이다. 이 때문에 히타이트 기록에는 카네쉬 언어라는 뜻의 카니슘니리도 있는데, 이는 히타이트어의 다른 표현이다. 히타이트 사람들은 자신들의 뿌리를 잊어버리지 않고, 그 뿌리를 그들의 정신 속에 늘 담고 있었다. 네샤에서 쓰는 말, 즉 히타이트인들이 사용한 이 언어가 왕실의 공식 언어였다. 히타이트 사람들에게는 그들이 어디에 살고 있는지가 중요하였다. 그래서 자신들을 나타내기 위해 일부러 종족의 명칭이나 정치적인 이름을 붙이지 않았다.

히타이트 언어는 1915년에 체크인 학자가 인도·유럽 어족이라고 발표하였지만, 학계에서는 이를 의심하고 쉽게 받아들이지 않았다. 그러나 50여 년의 연구 결과 히타이트 언어가 인도·유럽 어족이라는 사실은 입증이 다 되었다. 히타이트어가 인도·유럽 어족이라는 것은 독일 학자들이 가장 강하게 주장하고 있다. 물이라는 뜻의 히타이트어는 vadar인데, 독일어는 wasser, 숫자 7은 히타이트어로 siptam인데 독일어는 sieben이고, 포도주는 히타이트어로 wiyana인데 독일어는

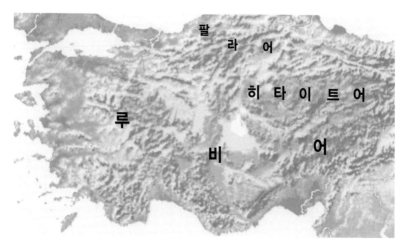

히타이트 시대에 사용된 언어 중 인도·유럽 어족에 포함되는 루비어, 팔라어, 히타이트어의 분포도.

wein 등이다. 지금까지 독일이 세계적으로 히타이트를 연구하는 선봉에 있다. 또 히타이트어에는 그리스어나 라틴어와 유사한 것도 많다. 꿀이라는 뜻의 히타이트어는 milit인데 고대 그리스어로는 meli이며, 무릎이라는 뜻의 히타이트어는 genu인데 이는 라틴어도 같다. 또 누구라는 뜻의 히타이트어는 kuis인데 라틴어로는 quis이다. 모두들 발음상 유사하다. 히타이트 시대에는 우리가 인도·유럽 어족이라 부를 수 있는 언어군에 들어갈 수 있는 언어가 세 가지가 있었다. 그것은 히타이트 서쪽 및 남쪽에서 사용된 루비어, 북쪽에서 사용된 팔라어, 그리고 히타이트인들이 사용한 네샤어(네쉴리)였다. 이 중에서 루비어가 가장 광범위한 지역에서 사용되었다.

히타이트인들은 자신들의 말을 글로 적기 위해 먼저 쐐기같이 생긴 설형 문자(楔形文字)를 사용하였다. 설형 문자를 처음으로 쓴 종족은 수메르인이지만, 기원전 3000년경 후반에는 아카드인과 다른 중근동 종족들도 자신들의 언어와 함께 수

	신		나라
	큰		용감한
	왕		성
	대왕		산
	대왕비		땅
	왕자		하늘
	도시		풍우신

히타이트인들이 사용한 상형 문자.

메르인들이 남긴 설형 문자를 사용했다. 수메르인들은 지금부터 5,000여 년 전 이미 상형 문자를 사용하고 있었으며, 이로부터 얼마 안 가 그들은 상형 문자에서 발전된 설형 문자를 사용하게 되었다. 설형 문자는 갈대나 금속으로 만든 펜으로 점토 위에 썼고, 필체가 딱딱한 쐐기 모양으로 되어 있어 쐐기 문자라고도 한다. 히타이트의 소위 지배 계층은 설형 문자 외에도 아카드어, 수메르어를 배우기 시작했다. 히타이트 시대에 역사를 기록한 서기관들은 아카드어를 꼭 알아야 했다. 요즘식으로 표현하면 그들에게 아카드어는 필수 외국어였다. 히타이트인들은 왕실 내업무와 관련한 기록은 주로 설형 문자를 사용했지만, 일반 백성을 상대로 한 암벽의 글은 상형 문자를 사용하였다. 히타이트인들이 사용한 상형 문자는 약 400개로알려져 있다.

히타이트 왕국은 네샤인, 루비인, 하티인, 후리인, 메소포타미아와 시리아 종족등 다민족으로 구성되어, 히타이트 왕국에서는 동시에 여러 개 언어가 사용되었다. 스위스 언어학자 에밀 포러는 히타이트인들이 남긴 점토판에 사용된 언어는모두 여덟 가지라고 밝혔다. 여덟 개 언어란 히타이트인들이 사용한 자신들의 언어(우리가 보통 히타이트어라고 하지만, 정확히 표현하면 네샤어), 히타이트인 이전의 하티인들이 사용한 하티어, 그리고 미탄니 왕국에서 사용한 후리어 외에도수메르어, 아카드어, 고대 이란어, 루비어, 팔라어 등이다. 그러나 이들 언어가 모두 같은 정도로 사용되고 글로 쓰여진 것은 아니다. 어떤 언어는 종교 제의적인 기록에만 쓰인 것도 있었고, 또 어떤 것은 한 가지 기록의 특정 단어에만 쓰인 말도 있다.

히타이트 시대에 루비어는 아나톨리아에서 가장 많이 사용되고 가장 오래 살아남은 언어이다. 루비어는 아르자와 지역에서 사용된 언어이다. 아르자와 왕국은아나톨리아 남동부 지역 추쿠로바의 서쪽에서부터 서부 아나톨리아에 위치하였다. 루비어와 히타이트어의 공통점은 지명 끝에 -nt, -ss 라는 접미어를 많이 쓴다는점이다. 루비어는 기원전 1000년경에 없어지기 시작하였고, 그 자리에는 프리기아어, 리디아어 등이 차지하게 되었다. 루비어는 약 1,500년 간 존재하여, 히타이트어와 가까운 친족 관계에 있는 언어이다.

기원전 17세기경 하투샤의 동쪽과 추쿠로바 북쪽 산악 지역, 아나톨리아 남부와 북부 시리아 지역에는 후리어를 사용한 민족이 살았다. 후리족이 세운 나라는 기원전 15세기 초부터 미탄니 왕국으로 알려지게 되었다. 후리어의 최대 고전 자료는 이집트의 텔 엘 아마르나 문서 보관소에 있는 미탄니 왕국의 투쉬라타 왕이 이집트의 아메노피스 3세에게 보낸 편지이다. 편지의 내용은 이집트 왕과 결혼한 미탄니 공주의 결혼 예물에 관한 것이다. 야즐르카야 암벽에 새겨진 신의 이름 대부분이 후리어인 점을 감안해보면, 히타이트 시대에 후리 문화의 영향이 얼마나 컸는지 알 수 있다. 기원전 17세기에 미탄니 왕국이 수필룰리우마 1세에 의해 패망하자 히타이트 제국의 수도 하투샤에서 후리의 영향력이 줄어들게 되었다.

　　팔라어는 기원전 2000년경 고대 시리아 문자 기록에서 나타난다. 아나톨리아의 카스타모누 지역에서 거주한 팔라인들은 인도 · 유럽 어족 언어를 구사하였고 친족 관계에 있는 히타이트인, 루비인들과 동시대에 함께 살았다.

히타이트 역사를 밝혀주는 자료는 무엇인가

기원전 19세기 초반에 아나톨리아에서 아시리아 상업 식민 시대가 끝나자, 아나톨리아는 히타이트인들에 의한 문자 시대가 열리게 되었다. 히타이트인들이 점토판에 역사를 기록하지 않았더라면 하투샤의 폐허를 보는 우리는 어떤 생각을 하게 되었을까? 헤로도토스나 텍시에처럼 엉뚱한 시대 착오를 범했을 것이다. 기록을 남기기 위한 제도를 만들고, 그리고 기록을 남겼던 히타이트인들의 역사 인식에 대해 새삼 감탄하지 않을 수 없다.

히타이트인들이 남긴 역사 자료 중 가장 대표적인 것은 점토판이다. 히타이트 점토판은 한마디로 역사와 문화를 기록한 책이다. 그런데 모든 쪽수가 다 갖춰진 책이 아니라 쪽수가 여기 저기 찢겨나간 책과 같은 형태로 남아 있다. 그 외에도 상형 문자로 씌어진 석조 부조물과 인장(印章) 등이 있다. 점토판은 사각형으로 앞과 뒤가 있고 쐐기 문자로 빽빽하고 정교하게 기록되어 있다. 히타이트인들이 역사 기록을 위해 남긴 판(板)은 흙으로 된 점토판 말고도 나무와 금속으로 된 것도 있었다. 그러나 나무나 금속으로 만든 것은 땅속에서 부식되어 현재 남아 있는 것은 없다. 조약문은 은이나 철판에 기록하였는데 남아 있지 않고, 유일하게 1986년에 청동판에 기록된 조약문이 발견되었다.

점토판의 대부분은 주로 하투샤의 폐허에서 발굴되었다. 하투샤의 뷔윅칼레의 신전, 언덕의 집, 풍우신의 신전 등이 있는 곳에서 그간 3만 개가 발굴되었고, 하투

→가로 17.1㎝, 세로 26.5㎝의 크기로 하투실리 1세의 치적을 기록한 점토판.

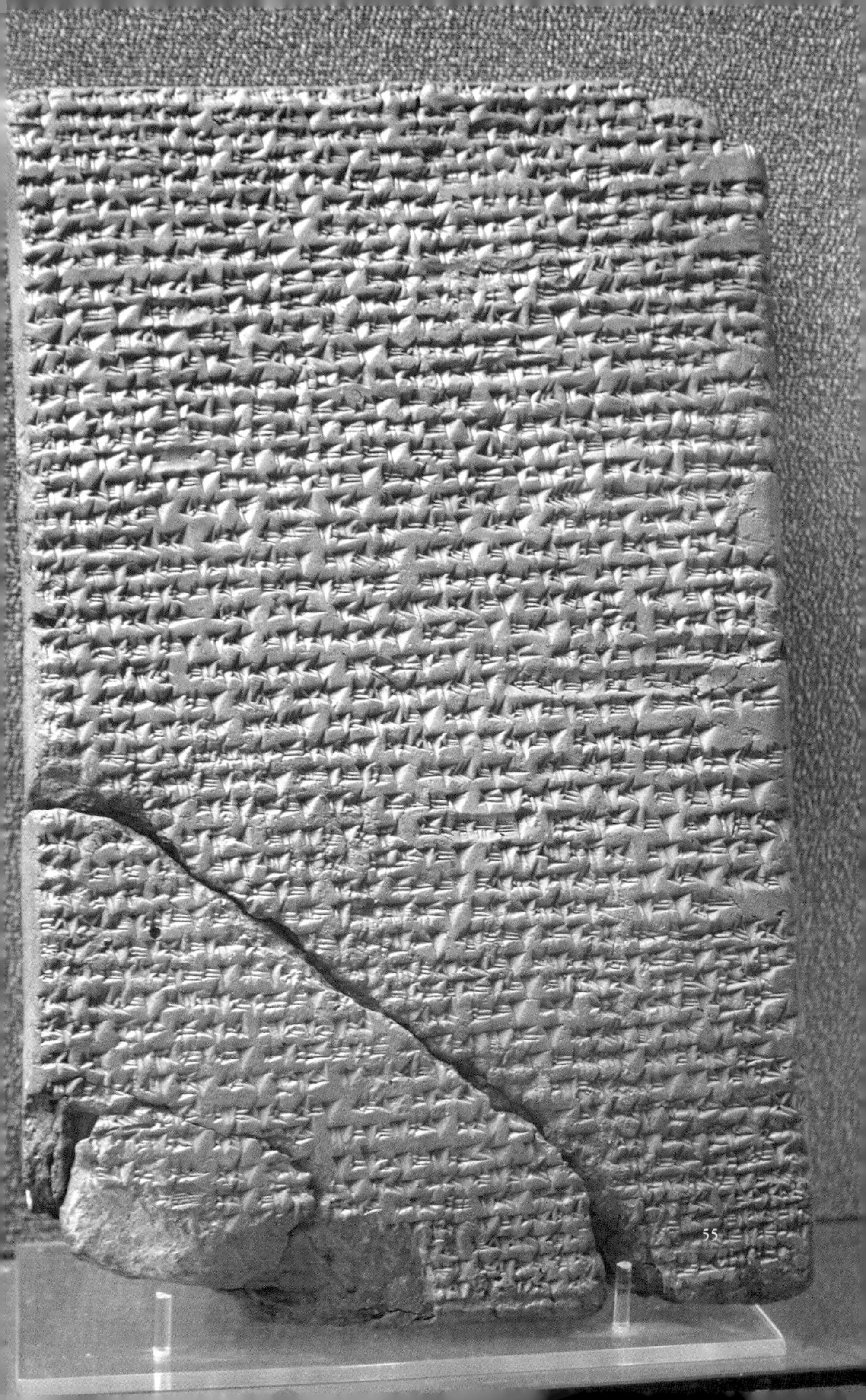

샤에서 북동쪽에 있는 마사트, 초룸 근처 오르타쾨이, 시바스의 쿠샤클리 등지에서도 발굴되었다. 점토판의 크기는 일정하지 않고 다양하였다. 하투실리 1세의 치적을 기록한 점토판은 가로, 세로가 각각 17.1㎝, 26.5㎝ 이고, 왕실의 평안을 기원하는 제의문을 기록한 어떤 점토판은 가로 17.5㎝, 세로 21.5㎝이다. 작은 크기로는 가로 9.7㎝, 세로 15.2㎝인 점토판도 있다. A4 용지가 가로 20.8㎝, 세로 29.7㎝이므로, 이를 통해 점토판의 크기를 가늠해볼 수 있다.

히타이트인들은 역사 기록뿐만 아니라 기록한 점토판을 보관하는 데에도 세심한 면을 보였다. 점토판이 땅 속 여기 저기서 발굴된 것이 아니라 문서고로 보이는 곳에 잘 정리 보관된 상태로 발굴되었다. 물론 원래의 깨끗한 상태가 아니라 대부분 깨지고 글씨를 알아볼 수 없을 정도로 상태가 불량하였으나, 발굴 후 세정 작업을 거쳐 그 모습을 하나 하나 드러내게 되었다. 히타이트인들은 점토판을 보관하기 위해 선반을 만들었다. 선반은 긴 돌조각을 한 줄로 벽에다 간격을 두어 박고 그 위에 진흙을 칠한 다음, 진흙이 보이지 않도록 다시 그 위를 나무판으로 덮었다.

히타이트인들의 역사 기록은 누가 했을까? 왕실에는 중요한 국사나 종교적인 제의, 조약문을 기록하는 서기관들이 있었다. 오늘날의 사서(司書)와 같은 사람들이다. 이들 기록관은 아카드어, 수메르어, 팔라어, 루비어 등을 알아야 했다. 그들은 역사 기록뿐만 아니라 기록물을 정리 보관하는 임무를 담당하였다. 기록을 한다는 것은 글을 아는 것은 물론이고 식견이 있어야 한다. 히타이트 시대에도 마찬가지였다. 흙 위에 글을 새기는 서기관이자 필경사는 식견이 있는 사람이 맡는 귀한 직업이자 직책이기도 하였다. 필경사는 조약문이나 외국의 왕과 속국의 왕에게 보내는 히타이트 대왕의 편지를 새기고, 대왕의 중요한 공적을 기록하고, 종교적이고 법률적인 문서들의 기록을 남겼다. 초기 점토판은 대부분 아카드어로 기록되었다. 히타이트, 아시리아, 이집트, 바빌론의 왕들이 아카드어로 서신을 주고받았기 때문이다. 그래서 아카드어를 국제 외교 언어라고 한다.

히타이트인들의 꼼꼼함은 여기에 그치지 않는다. 히타이트인들은 마치 도서 목록처럼, 점토판의 내용은 무엇이며, 몇 개의 점토판으로 구성되었는지, 분실되었을 경우 몇 번째 점토판이 분실되었는지를 기록해놓았다. 원본이 파괴되거나 분실되는 상황에 대비하여 복사본도 여러 개 만들어두었다. 복사본 제작은 히타이트인들의 철저한 성격에서 나온 것이다. 점토판 한 개에 내용을 다 수록하지 못할 때는 두 번째, 세 번째 점토판에다 계속하여 기록하였는데, 그럴 경우에는 이것이 몇 번째 판인지를 꼭 기록해놓았다. 그리고 후세들을 위해 정리 보관도 게을리하지 않았다.

유감스럽지만 기록을 정리하고 문서고를 만든 것이 히타이트인들의 독창적인 작품은 아니었다. 이미 수메르인들 때부터 이루어지고 있었다. 수메르인들은 지금으로부터 약 5,000년 전인 기원전 3000년대 말부터 행정적인 기록을 남기기 위해 점토에 문자를 새기기 시작하였다. 수메르의 학교에서는 점토판에 문자를 기록할 소위 필경사를 교육시키기까지 하였다. 이들 필경사들은 수메르의 신과 영웅들의 공적을 찬양하는 신화와 서사적 이야기, 왕과 신들에 대한 찬미가 등 수많은 기록을 남겼다. 히타이트인들은 수메르인들의 좋은 사서 시스템을 도입한 것이다. 히타이트인들은 문자뿐만 아니라 외부에 좋은 것이 있다면 다 들여왔다. 그래서 다 자기 것으로 만들었다. 즉 남의 것을 받아들여 자기 것으로 만드는 그들의 재창조, 재융합 능력은 탁월하였다.

점토판의 해독으로 히타이트 역사가 알려지게 되고, 후기 청동기 시대에 아나

무르실리 2세의 인장.

무와탈리 대왕의 인장.

무와탈리 대왕의 인장. 뿔이 달린 원추형 모자를 쓴 하늘의 풍우신이 무와탈리 왕을 안고 있고, 무와탈리 왕은 오른손에 왕홀을 들고 있다. 인장의 안쪽에는 상형 문자가 새겨져 있고 바깥쪽은 쐐기 문자가 새겨져 있다. 바깥쪽 쐐기 문자에는 '무르실리 대왕의 아들, 용감한 무와탈리 왕의 인장' 이라고 기록하였다.

톨리아에서는 다양한 종족이 살고 있었다는 것이 밝혀졌다. 점토판에 기록된 왕의 업적, 칙령, 왕의 서신, 조약문, 법령, 제의문, 신화 등을 토대로 히타이트 역사가 입체적으로 만들어지고 있다. 그러나 히타이트인들에 대한 역사 자료는 수메르나 바빌론의 역사 기록에 비하면 양적으로 비교가 안 될 정도로 적다. 이 때문에 아직도 히타이트 역사 서술에 한계가 있는 것이다. 수필룰리우마 1세의 일대기나 하투실리 3세의 자서전 기록 등 한 가지 자료에 의지하여 히타이트 전체 역사를 구성해나갈 수밖에 없을 만큼 자료가 제한적이다. 왕실의 문서고가 어디에 있었는지 알 수만 있다면 더 많은 점토판을 찾아낼 수도 있을 것이다.

기원전 13세기 말에 히타이트의 수도가 하투샤에서 타르훈타쉬샤로 옮겼다가 다시 몇 년 후 하투샤로 옮겨 온 점을 염두에 둔다면, 왕실의 문서고도 또 어디엔가로 이전했을 가능성이 있는 것이다. 또 투탈리야 4세 때는 하투샤 내에 있는 뷔윅칼레를 크게 뜯어고쳤기 때문에 문서고를 또 어디로 이전시켰는지도 모른다. 타르훈타쉬샤가 어디인지 아직 밝혀지지 않아 문서고의 추적이 어렵지만, 앞으로 발굴 진전 상황에 따라 히타이트 역사의 가려지고 애매한 부분들이 밝혀질 수도 있다.

히타이트 역사를 구성해 나가는 데 보조적 역할을 하고 있는 것은 왕들이 공식 문서에 사용했던 인장들이다. 히타이트 왕의 인장은 대부분 설형 문자와 상형 문자를 함께 사용하였다. 중요한 문서에는 우리의 도장처럼 문서의 끝 부분에 왕의 인장을 새겨 넣었다. 고고학자나 역사학자에게 인장은 왕족의 가계(家系), 즉 혈통을 알려주는 중요한 증거물이다. 예를 들어 무르실리 3세의 인장에는 무려 여덟 명에 이르는 선왕의 이름이 기록되어 있다. 왕의 인장에는 날개 달린 원반형의 태양이 왕의 상징으로 새겨져 있다. 그리고 인장의 가운데는 상형 문자가 기록되어 있고 원 둘레에는 쐐기 문자가 함께 새겨져 있다.

또한 암벽에 새겨진 부조물이나 부조물에 남아 있는 상형 문자 등은 히타이트인들의 종교 의식을 파악하고, 그들의 예술성을 살필 수 있는 자료가 된다. 또 하나 빼놓을 수 없는 자료는 히타이트 왕과 다른 속국의 왕들 간에 교환된 서신들이다. 이 서신들은 후기 청동기 시대의 아나톨리아를 중심으로 한 중근동 지역의 국제 관계를 파악하게 해준다.

땅 속에 묻혀 있던 히타이트를 암흑 속에서 빛의 세계로 끌어낸 것은 순전히 일생을 바쳐 발굴과 연구에 전념한 수많은 학자들 덕분이다. 옥스퍼드 대학의 브라이스 교수의 언급처럼 히타이트에 대한 연구는 아직도 갈 길이 멀다. 그 이유는 앞

영화에서 묘사된 서기관들의 작업 광경.

에서 언급한 것처럼 자료가 너무 제한적이기 때문이다. 그럼에도 불구하고 4,000년 전의 암흑의 역사를 우리가 글로 읽으며 이해할 수 있게 된 것은 실로 경이적인 일이 아닐 수 없다.

2부
히타이트 역사

히타이트 시대의 전·후 역사

아나톨리아에 히타이트 왕국이 들어설 당시, 아나톨리아는 지방의 군주가 지배력을 행사하는 공국(公國) 전성 시대였다. 히타이트도 처음에는 공국이었다. 세력을 과시하려던 공국 간에는 반목과 싸움이 계속되었다. 힘 있는 공국은 힘 약한 공국을 자기 편으로 만들고 지배할 수 있었다. 히타이트의 전신인 하티와 마찬가지로 히타이트도 주변에 있는 공국을 내 편으로 흡수하고 이들과 연방체를 형성하였다. 연방체에 편입된 소공국들은 히타이트의 소위 중앙 정부가 있는 하투샤의 지배하에 들어갔다. 그래서 아나톨리아에 산재해 있던 소공국들은 힘 있는 몇 개 공국의 지배로 들어갔고 소공국들과의 연방체가 형성되면서 왕국이 등장하게 되었다.

우리가 히타이트 왕국이나 제국이라 할 때는 바로 이 상황을 머리 속에 그리는 것이 이해에 도움이 된다. 히타이트 왕국이나 제국 시대에 그들의 중앙 지배력이 직접 미치는 곳은 성곽으로 둘러싸인 수도 하투샤이고, 하투샤와 연방 협력 관계를 맺고 있는 소왕국들은 하투샤 가까이에 있는 것이 아니라 대부분 하투샤와 멀리 떨어져 있었다. 히타이트와 연방 관계에 있던 소왕국이 몇 개인지는 아직 다 밝혀지지 않았지만, 그중 중요한 소왕국은 아수와, 키주와트나, 카르키사, 루카, 아르자와, 팔라, 카쉬카, 지파슬라, 아지, 하야샤, 파타샤, 타르훈타쉬샤 등이었다.

히타이트 제국의 역사를 잘 이해하기 위해서는 히타이트 제국을 중심으로 제국

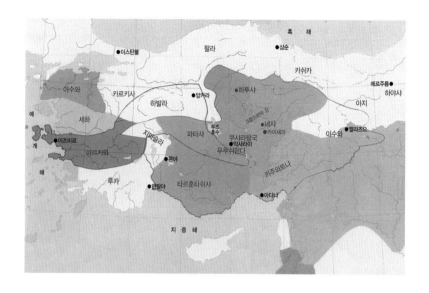

의 바로 직전 역사와 후의 역사를 함께 살펴보는 것이 도움이 된다. 히타이트 왕국이 있기 전에 아나톨리아에서는 아시리아 상업 식민 시대가 있었다. 히타이트 제국의 역사는 아시리아 상업 식민지 시대가 끝날 무렵에 시작되어 기원전 1200년경 역사에서 사라졌다. 그 후 히타이트 문화의 영향이 아나톨리아 동남부 지역에서 나타났는데 이를 후기 히타이트 시대라고 한다.

기원전 20세기경 아나톨리아에서 소공국 간 반목과 싸움이 계속되고 있을 때, 아시리아인들이 아나톨리아에 상업 도시를 세웠다. 이들이 세운 상업 도시는 카룸(항구라는 뜻)과 이보다 규모가 작은 마바르툼(역이라는 뜻) 두 가지가 있었다. 오늘날 표현으로 하면 교역 센터이다. 히타이트 왕국이 들어서기 전, 가장 큰 카룸이 카이세리 근처인 퀼테페에 세워졌다. 퀼테페는 현재의 이름인데, 아시리아인들은 이 곳을 카니쉬라고 불렀고 아나톨리아 사람들은 이 곳을 네샤라고 불렀다. 이 곳은 카파도키아 왕국의 중심지이기도 하였고, 오스만 제국 이전인 셀주크 제국의 중요한 도시 중의 하나이기도 했다.

네샤는 아나톨리아 중부에 있는 카이세리라는 도시에서 북동쪽으로 21㎞ 지점에 있다. 네샤는 히타이트 왕국의 첫 번째 수도였고 가장 오래 된 국제 상업 도시이다. 이 곳에 대한 발굴 작업은 샹트르가 1893~1894년에, 빙클러가 1906년에, 흐로즈니가 1925년에 발굴 작업을 했으나, 본격적인 발굴 작업은 터키 역사학회 주도 아래 터키인 학자 타흐신 외즈귀치 교수에 의해 1948년부터 시작되어 지금까지도 계속되고 있다. 발굴 작업을 시작한 지 반 세기가 넘었다. 외즈귀치 교수는 2003년에 87세가 되었으나 아직도 발굴 작업에 나서고 있다.

아나톨리아에서 아시리아인들의 상업 활동은 기원전 약 1950~1700년까지 약 250년 간 계속되었다. 아시리아인들이 아나톨리아에 세운 카룸 중 위치가 확인된 곳은 네샤의 카룸과 하투샤의 카룸으로 두 곳뿐이다. 규모가 가장 큰 네샤는 아나톨리아에서 상업의 중심지가 되었다. 아시리아 상인들은 네샤의 아래쪽에 자리를 잡아 거주하였다. 아시리아인들이 거주하면서 카룸에는 이들의 사무실과 신전들이 세워졌다. 당나귀를 타고 들어온 이들은 아나톨리아에서 값싼 동을 사고, 대신 주석이나 천을 팔았다. 소매 거래에는 은이, 도매 거래에는 금이 사용되었다. 금은 은보다 여덟 배가 비쌌고, 동 70㎏이 은 1㎏과 거래되었다. 철은 은보다 40배나 비쌌다.

아시리아 상인들은 아나톨리아 왕국의 왕에게 세금을 내야 했다. 그러나 아시리아 상인들은 아나톨리아 상인들과의 거래시 언제나 이익을 보았다. 왜냐하면 살 때와 팔 때의 가격 기준을 달리했기 때문이다. 아시리아 상인들은 글을 읽기도 하고 쓰기도 하였지만 아나톨리아 사람들은 아직 문자를 접해보지 못했기 때문에,

아시리아 상인들이 글 모르는 아나톨리아 사람들을 상대로 거래하기는 쉬운 일이었다. 그래서 이 시대를 상업 식민 시대라고 부른다.

아시리아 상업 식민 시대는 히타이트 초기 시대와 관련이 있다. 히타이트의 시조로 알려진 쿠사라 왕조 가문의 아니타 왕이 남긴 기록에서 아니타는 네샤를 정복하고 네샤에 성곽을 쌓았다고 하였는데, 아니타 왕이 말한 네샤가 바로 퀼테페이다. 또한 아니타가 네샤에 쉬우슘미 신전을 지었다고 했는데, 쉬우슘미는 히타이트어로 우리의 신이라는 뜻으로, 이같이 히타이트어가 사용되었다는 것은 이 곳에 히타이트인들이 거주했을 가능성을 보여주는 것이다. 결과적으로 네샤는 히타이트 초기, 즉 공국 시대의 현장이라는 점에서 중요하다. 당시 네샤에는 하티인과 후리인들이 대부분이었다. 아니타 왕이 네샤를 정복함으로써, 히타이트 공국이 이 곳에서 세력을 과시했으나, 시대의 흐름은 아나톨리아에서 더 이상 소공국 시대가 계속되는 것을 허락하지 않았다. 아니타 왕 이후에 히타이트는 왕국 시대로 들어갔다.

상업을 위해 아나톨리아에 들어온 아시리아 상인들은 메소포타미아에서 1,000년 이상 사용한 쐐기 문자를 들여옴으로써, 아나톨리아에서는 역사 시대가 열리게 되었다. 퀼테페에서는 아시리아인들이 남긴 쐐기 문자 점토판이 많이 발굴되었다. 진흙, 돌, 금, 은, 납, 구리, 청동으로 만들어진 유물도 많이 나왔다. 발굴된 유물 중에는 황소, 독수리, 토끼 등 동물의 모습이 담긴 컵과 주전자 형태가 많은데, 이것들은 대부분 제의 행사 때 사용된 것들이다. 1948년부터 본격적으로 계속되어온 발굴에서 현재까지 약 2만 개의 점토판이 나왔다. 이들 점토판은 주로 상업과 관련된 것이 많으나 문학적이고 역사적인 것도 있다. 점토판의 내용을 살펴보면, 상업 계약서, 채무, 채권 관계 서류, 각종 기록 문서, 법정 판결문, 집 · 농지 · 노예 매매서, 결혼과 이혼 관계 서류 등이다. 그 당시 사람들은 어떻게 상행위를 하고 결혼했는지를 알 수 있는 점토판 몇 개를 소개하고자 한다.

채무 관계 점토판에는 이런 내용이 있다. 10주 안에 갚아야 하는 $2\frac{1}{2}$ 미나의 은 세공품에 관한 부채 계약서인데, 은 세공품 대금을 기한 내 갚지 못하면 1미나당 매월 3세켈의 지체 이자를 물어야 한다고 명시했다. 돈을 갚아야 하는 사람은 아시리아인이지만, 보증인 세 명은 모두 아나톨리아인이었다. 결혼 문서를 보자. 아시리아인 이디-아다드와 아나톨리아 여인 아와나와의 결혼 약속에 관한 것으로, 아시리아 남자가 아나톨리아에서는 두 번 결혼하지 못하는데, 만약 결혼한 여자와 이혼하거나 다른 여자와 결혼한다면 5미나의 은을 배상하여야 한다고 했다. 이혼에 관한 서류는 어떤가? 아나톨리아 여성 사크리우스와 아시리아 상인 아쑤르-타크라쿠라는 사람 간의 이혼 합의서인데, 두 사람이 이혼에 합의하였기 때문에 위자료 지급은 없다고 밝히고 있다. 범죄 혐의자가 정말 죄가 있는지 없는지를 강물의 신에게 물어보는 물심판도 있다. 범죄 혐의자인 사람을 강물에 던지고 강의 신에게 의지하여 이 사람이 죄가 있는지 없는지를 심판한 것이다. 강에 던져진 사람이 강물에서 살아나면 죄가 없다고 한다. 강물의 신이 이 사람을 구해주었다고 생각했기 때문이다.

아시리아 상업 식민 시대가 끝나고 히타이트 왕국 시대가 열렸다. 히타이트는 수도를 네샤에서 하투샤로 옮겼다. 히타이트는 기원전 1200년경에 멸망했는데 그들이 어떻게 멸망했는지에 관한 기록은 아직 나타나지 않고 있다. 히타이트의 처음과 끝에 관한 자세한 역사 자료가 없어 이를 규명하는 것이 과제이기도 하나, 히타이트의 처음을 알려주는 기록이 발견되어 시작의 역사를 엮어나갈 수 있는 것은 그나마 다행이기도 하다. 히타이트가 사라지고 난 후 그들이 어디서 어떻게 살았

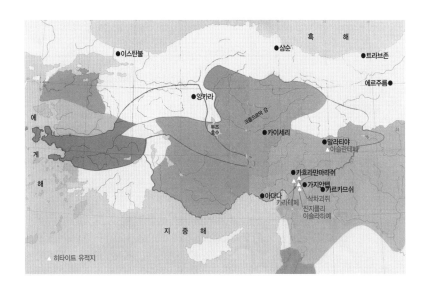

지도 내 지명:
흑　해
이스탄불　삼순　트라브존
에르주름
앙카라
크즐으르막 강
투즈 호수
에　게　해
카이세리
말라티야
아슬란테페
카흐라만마라쉬
가지안텝
아다나
카라테페
삭차괴쥐
진지를리
이슬라히예
카르카므쉬
지　중　해
▲ 히타이트 유적지

는지에 관한 기록은 아직도 발견되지 않고 있다.

히타이트인들은 역사에서 사라졌지만 그들의 문화 전통을 유지하고 지낸 흔적이 남아 있는 도시들이 아나톨리아의 남부 및 시리아 일부 지역에서 발굴되었다. 이를 후기 히타이트 시대라고 하는데 기원전 1200~700년 시대를 말한다. 이들 지역에서 남겨진 석조 부조물의 특징을 보면 히타이트 특징이 그대로 남아 있는 것, 아시리아 요소가 첨가되어 히타이트의 특징을 나타내는 것, 모체는 히타이트로 하면서 아시리아화된 것 등으로 구분된다.

히타이트인들의 흔적이 남아 있는 지역 중 대표적인 곳은 카르카므쉬, 진지를리, 아슬란테페, 삭차괴쥐, 카라테페 등이다. 후기 히타이트 시대의 가장 중요한 도시는 말라티야의 아슬란테페, 메소포타미아, 이집트로부터 중앙 아나톨리아로 들어오는 교차로에 위치한 진지를리(가지안텝 근처)이다. 아슬란테페에서 발굴된

↑ 기원전 10~9세기의 것으로 술루멜리 왕이 하늘의 신에게 술을 바치고 있는 부조물이다. 말라티
야 근처 이슬란테페에서 발굴되었으며, 앙카라의 아나톨리아 문명 박물관에 전시되어 있다. 왼쪽은
하늘의 신이 세리와 후리라 불리는 두 마리의 성스러운 황소가 이끄는 탈것에 타고 있으며, 오른쪽
의 모습은 우차에서 내린 하늘의 신이 술루멜리 왕이 바치는 술을 받고 있다.
↓ 기원전 10세기의 것으로 하늘의 신이 일루얀카라는 용을 죽이는 석조물의 모습이다. 말라티야의
이슬란테페에서 발굴되었다.

대표적인 부조물로는 하늘의 신이 일루얀카라는 용을 죽이는 모습과 술루멜리 왕이 하늘의 신에게 헌주하는 모습을 새긴 부조물이다. 진지를리에서 발굴된 것으로는 히타이트인들이 이집트 군대와 싸워서 이기는 데 큰 기여를 하였다는 말이 끄는 전차, 사자와 스핑크스 문의 부조 등이다. 진지를리에서 발굴된 수히스 왕의 부인인 와티스의 기념비도 유명하다. 도시의 석벽에는 전사 및 전차들의 행렬, 수히스 왕, 와티스 왕비가 순서대로 부조되어 있다. 후기 히타이트 시대의 부조물 대부분은 앙카라에 있는 아나톨리아 문명 박물관에 전시되어 있다. 대부분 보존 상태가 깨끗하여 히타이트 양식을 한눈에 볼 수 있다.

히타이트인들은 제국을 이루었으나, 사라질 때는 제국답지 않게 자취를 남기지 않고 갑자기 사라졌다. 제국이 사라지면서 그들이 사용한 언어도 자취를 감추었다. 그래서 히타이트는 잊혀진 나라가 되었다. 히타이트인들이 살았던 땅에 그리스, 로마인들이 살다 지나갔으나, 히타이트인들이 남긴 문화 유적들은 그리스, 로마인들이 남긴 신전 아래 묻혀버렸다. 그래서 히타이트는 묻혀진 나라가 되었다.

히타이트인들의 시조, 쿠사라 왕조 가문

히타이트 왕국이 아나톨리아의 하투샤에 자리하기 전에 아나톨리아는 소공국들이 할거(割據)하고 있었다. 이들 소공국 중에서 네샤, 푸루쉬한다, 잘파, 하티 등이 다른 소공국을 지배하고 있었다. 아나톨리아에 있었던 소공국들의 군주들이 누구였는지는 역사 기록이 없어 다 알 수는 없지만, 그중에 확실히 자기 이름을 남긴 사람이 있었다. 바로 쿠사라 왕조 가문의 아니타였다. 퀼테페에서 발굴된 세 개의 점토판에는 쿠사라 왕국의 피타나 왕과 그의 아들 아니타라는 이름이 남아 있었다. 쿠사라가 정확하게 어디에 위치한 곳인지는 아직도 밝혀지지 않고 있다.

학자들은 이 세 개의 점토판을 아니타 기록문이라고 이름 붙였다. 기원전 1700년대경에 쓰여진 것으로 추정되는 아니타 기록문은 77개 행으로 되어 있다. 아니타는 바빌론 왕조의 함무라비 대왕과 동 시대의 사람이다. 그는 이 기록문에서 자신과 자신의 아버지인 피타나는 쿠사라와 경쟁 관계에 있는 네샤, 잘파, 푸루쉬한다, 샬바티와라, 하투샤 등과 힘을 다해 싸워서 이겼으며, 이 도시들이 다 그들 앞에 무릎을 꿇었다고 했다. 하투샤는 나중에 히타이트 왕국의 수도가 되었지만, 아니타는 하투샤도 폐허로 만들었다고 했다. 주위의 경쟁 세력을 다 물리친 아니타는 수도를 쿠사라에서 네샤로 옮겼다. 아니타의 기록문이 발굴되었지만, 아니타가 실존 인물인지, 아니면 신화적 인물인지에 대한 의구심이 일어나고 있을 때, 외즈귀치 교수의 퀼테페 발굴 작업에서 아니타의 이름이 새겨진 청동검 하나가 발견되

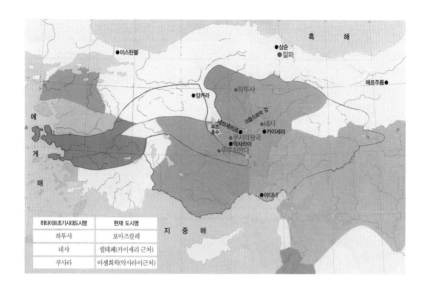

히타이트초기기사대도시명	현재 도시명
하투샤	보아즈칼레
네샤	퀼테페(카이세리 근처)
쿠사라	아겜회위(악사라이근처)

어 그가 실존 인물이었음이 입증되었다.

히타이트를 연구하는 대부분의 학자들은 쿠사라의 피타나 왕과 아니타 왕을 히타이트 연표 맨 처음에 기록한다. 히타이트인들이 자신들의 언어를 네샤어라고 불렀다는 기록을 남겼고, 아니타 왕이 네샤어가 사용되는 네샤를 수도로 삼아 지냈으므로 네샤에는 히타이트인들이 살고 있었다고 생각하기 때문이다. 그러나 히타이트 학자들 간에는 쿠사라 왕조 가문을 연표에 포함해야 되는지에 대해 아직 의견 일치를 보지 못하고 있다. 이들을 히타이트 왕국의 시조로 인정하기에는 역사적 자료가 너무 부족하다고 보기 때문이다. 피타나와 아니타로 이어진 쿠사라 왕가 족보도 더 이상 나와 있는 것이 없고, 아니타 이후부터 히타이트 왕국의 시조라고 불리는 하투실리 1세까지의 약 130년 간에 대한 기록이 없기 때문이다.

아니타 기록문은 히타이트 역사 연구에 중요한 자료로 인용되고 있는데, 원문

중 해독이 가능한 부분을 중심으로 아래에 소개하였다. 점령지를 폐허로 만들며 점령지로부터 신상을 가져오고, 신전을 세웠다는 이야기는 이후 히타이트 왕들이 기록한 기록문에도 많이 나온다. 들여다보면 역사적으로 흥미 있는 대목들이 있는 기록문이다.

피타나의 아들 아니타, 쿠사라의 왕이 말하노라 :
하늘의 풍우신을 잘 모시고
그리고 풍우신을 잘 모실 때
네샤의 왕이 쿠사라를 쳐들어왔다.
쿠사라의 왕은 대군을 이끌고 도시를 떠나 아래로 내려갔다.
네샤를 밤새 공격하여 정복했다.
네샤의 왕을 잡았으나, 네샤 사람들에게
악한 짓을 하지 않았다.
그들에게 아버지, 어머니처럼 대해주었다.
나의 아버지 피타나에 이어 나도 같은 해에
전쟁에서 승리했다.
누가 대항하든 간에 그들을 모두 패망시켰다.
…
이 판에 있는 말들을 (네샤에 있는) 문에 (놓았다).
앞으로 어느 누구도 이 판을 깨지 말지어다.
이 판을 깨는 자는 네샤의 적이 될지니라.
…

나는 잘파로부터 바다 쪽 안에 있는 모든 나라를 정복했다.
옛날 잘파의 왕이 우흐나의 신인 쉬우슘미 신상을
네샤에서 잘파로 가져갔다.
그 후 대왕인 나 아니타는 쉬우슘미 신을
잘파에서 다시 네샤로 가져왔다. 하투샤…
잘파의 왕 후지야도
네샤로 데려왔다.
…

나는 한밤중에
그 도시를 정복했고 그 자리에 잡초를 심었다.
내 뒤에 누가 왕이 되든 간에
하투샤에 다시 사람이 살 수 있게 만든다면
풍우신이여 그를 벌받게 하소서.
…

나는 네샤에서 성곽을 쌓았다. 성곽 다음에는
풍우신과 시우신을 위한 신전을 세웠다.
하늘의 풍우신과 쉬우나슘미 신전을 세웠다.
왕좌의 신과 풍우신과
쉬우나슘미 신전을 세웠다.
나는 출정하여 얻은 전리품으로 신전을 채웠다.
…

… 원정에 나가자

푸루쉬한다의 사람이 나에게 선물을 가져왔다.

그가 나에게 철로 만든 왕좌와 왕홀을 주었다.

내가 다시 네샤에 올 때

푸루쉬한다 사람을 데려왔다.

왕을 알현하러 들어갈 때 그는

내 앞 오른쪽에 앉을지어다.

아니타는 쿠사라를 침입해온 네샤를 정복한 후, 또 잘파를 정복하고 잘파 왕이 가져간 네샤의 신상을 다시 네샤로 가져왔다고 했다. 쉬우슘미 신상을 가져왔다는 것은 잘파의 수호신을 제거했다는 의미인 동시에, 그 신을 내 편으로 만들었다는 뜻이다. 사람을 다 제거하더라도 그 도시를 지킨다고 믿는 신상을 그 자리에서 없애는 것이 중요하였다. 푸루쉬한다는 아나톨리아에서 큰 정치 세력이었는데, 푸루쉬한다 왕국에서 아니타에게 철로 만든 왕좌와 왕홀을 선물로 보내준 것은 이제 쿠사라 왕국의 네샤가 이 지역의 강한 세력으로 부상하였음을 의미한다. 쿠사라 왕조가 소왕국들과의 투쟁에서 확고하게 승리하였음을 알리는 것이다. 또 경쟁 관계에 있던 하투샤도 한밤중에 쳐들어가 폐허로 만들고, 잡초를 심어 영원히 폐허로 남으라는 악의에 찬 저주의 말을 퍼부었다. 이제 쿠사라 왕국의 아니타 왕은 수도를 쿠사라에서 아시리아 무역망의 중심지이자 경제적으로 번영한 네샤로 옮겼다.

초기 왕국 시대
"시리아와 바빌론을 향해"

히타이트 초기 왕국 시대는 하투샤에서 시작되었다. 초기 왕국 시대를 연 군왕은 하투실리 1세(기원전 약 1565~1540년)이다. 하투실리가 피타나, 아니타로 이어지는 쿠사라 왕가 출신인지는 아직 확실하지 않다. 초기 왕국 시대 자료에 쿠사라 왕족 가문에 대해 언급이 없고, 아니타가 폐허로 만들고 정복한 하투샤를 수도로 정한 사실들을 볼 때, 하투실리가 쿠사라 가문 출신이 아닐 가능성이 높다고 본다. 히타이트의 어떤 왕도 아니타가 그들의 선조라고 직접 언급하지는 않았다. 쿠사라 왕국이 언제 하투샤를 점령했는지, 또 그 후에 어떤 왕들이 이어졌는지 모두 알려져 있지 않다. 그래서 역사가들은 히타이트의 텔리피누 왕(기원전 약 1500년경)이 이전 선조들의 업적에 대해 언급한 소위 텔리피누 칙령을 기초로 히타이트 초기 왕국의 시작을 하투실리 1세로 하고 있다. 텔리피누 칙령 서두에는 자신보다 150여 년 전에 있었던 히타이트 초기 왕들의 업적을 이렇게 적고 있다.

"대왕 라바르나 텔리피누는 다음과 같이 말하노라 : 옛날 라바르나 대왕이 있었다. 그때 대왕의 아들들, 형제들, 친척들과 군대가 한몸으로 단결했다. 나라는 작았다. 그러나 어디로 출정하든 대왕의 강한 팔로 적국을 무찔렀다. 적국을 폐허로 만들고 그들을 무력화시켰다. 그들을 바다 끝으로 몰아냈다. 대왕이 출정에서 돌아올 때마다 아들 중 한 명이 나라를 맡아 그 나라로 떠났다. 대왕의 아들들은 후

피쉬나, 투와누와, 네나쉬샤, 란다, 잘라라, 푸루쉬한다, 루쉬나에 가서 이들을 통치했다. 이 도시들은 부강해졌다.

후에 하투실리가 왕이 되었다. 그의 아들들, 형제들, 친척들과 형제가 한몸으로 단결했다. 그리고 어디로 출정하든 대왕의 강한 팔로 적국을 무찔렀다. 적국을 폐허로 만들고 그들을 무력화시켰다. 그들을 바다 끝으로 몰아냈다. 대왕이 출정에서 돌아올 때마다 아들 중 한 명이 나라를 맡아 그 나라로 떠났다. 아들들의 통치로 도시들은 부강해졌다."

텔리피누 칙령은 왕의 자리를 차지하기 위한 형제간 유혈극을 종식시키기 위해 만들어진 것인데, 위의 서문은 너희들과는 달리 선조들은 아들들, 형제들, 친척들과 일심 단결하였음을 강조하기 위해 쓴 것이다. 선조들은 비록 나라가 작았지만 형제, 친척, 군대와 한몸이 되어 일곱 나라를 차례로 정복하여 승승장구(乘勝長驅)하였다. 말하자면 나라의 기초가 튼튼하였음을 후세에게 알린다. 선조가 정복한 일곱 나라는 하투샤 바로 북쪽에 있는 란다를 제외하고는 모두 하투샤로부터 멀리 떨어져 있었다. 히타이트 왕은 원정에서 이기고 돌아오면, 그곳으로 아들을 보내어 통치하도록 하였다.

위 문장에서 주인공은 '라바르나' 와 '하투실리' 두 명이다. '나라는 작았다' 라는 문장만 제외하고는 나머지 문장은 동일하다. 이렇게 보면 히타이트 초기에는 라바르나와 하투실리라는 두 명의 지배자가 있었다. 비록 나라가 작을지라도 라바르나는 일곱 나라를 다 정복하고 하투샤 왕국의 영토를 넓혀놓았다. 하투실리는 라바르나가 넓혀놓은 영토의 주인공이 되었다.

라바르나와 하투실리. 히타이트 역사가들은 이 두 사람을 놓고 오랫동안 격론을 벌였다. 처음에는 위 문장으로는 주인공이 두 명이므로 실제로 라바르나 왕이 있었고 하투실리가 그의 뒤를 이었다는 쪽이 우세하였다. 그러나 최근에는 라바르나 왕은 실제 인물이 아니고 왕에 대한 존경의 호칭이기 때문에, 위 문장의 주인공은 하투실리 한 명이라고 보는 쪽에 무게가 실렸다. 라바르나 왕이 실제 인물이라면 라바르나라는 왕에 대한 어떠한 기록이 있을 텐데 지금까지 전혀 발견되지 않았고, 라바르나는 이후에 왕들의 호칭으로 많이 등장하고 있기 때문에 라바르나는 사람의 이름으로 보지 않는 것이 옳다는 것이다. '라바르나' 는 '타바르나' 라고도 기록되었으며, '타바르나' 의 여성식 호칭으로 '타와난나' 라는 말도 사용되었다.

하투실리는 라바르나의 여동생과 라바르나의 처의 남자 형제와의 사이에서 태어났을 것으로 주장하는 학자도 있는데, 라바르나를 실제 인물로 볼 경우, 이 부분의 역사 서술은 이렇게 될 것이다.

"히타이트의 최초의 왕은 라바르나 1세이다. 라바르나 1세 왕은 쿠사라 왕국의 지배자였다. 라바르나 왕도 피타나와 아니타처럼 소왕국들을 통합시키기 위하여 정복 사업을 해나갔다. 그는 중앙 아나톨리아와 남부 아나톨리아에 있는 도시들을 모두 장악하였다. 라바르나 1세에 이어 왕위를 이어받은 라바르나 2세는 자신의 이름을 하투실리라고 하였다. 하투실리는 '하투샤에 사는 사람' 이라는 뜻이다. 하투샤는 하투실리에 의해 새로 건설되었다. 하투샤에 신전과 성문, 성벽이 세워졌다. 하투샤는 쿠사라, 네샤, 푸루쉬한다 같은 나라를 정복하고 이 지역의 강국이 되었다."

"나라는 작았다." 나라라고 해봐야 조그만 성곽을 친 동네가 나라이니 자신들이 봐도 초라했던 것 같다. 실제로 하투샤 도시를 가보면 '나라는 작았다' 라는 말을 실감할 수 있다. 도시의 가장 높은 곳에서 내려다보면 아래가 다 보인다. 사방이 성곽으로 둘러쳐 있다고 가정하면, 왕이 성 안에서 돌아다니는 말이나 소, 당나귀, 닭들을 다 볼 수 있고, 누가 어디서 무슨 일을 하는지 시력만 정상이라면 다 파악할 수 있는 정도의 거리이다. 히타이트 왕들이 정복 사업을 수행하면서 영토가 커지자 작은 도시, 하투샤가 히타이트 왕국의 사령부가 되었다.

하투실리는 영토를 남쪽으로, 남동쪽으로 넓히려 하였다. 그는 시리아의 알레포(옛이름 할렙, 할랍)를 점령하기 위해 남쪽으로 계속 진군하였다. 그러나 하투실리는 최종 목표인 할렙 원정에 실패하였다. 그의 뒤를 이은 무르실리 1세 왕은 선왕의 유업을 달성하기 위해 할렙을 폐허로 만들었다고 기록하였다. 하투실리는 하투샤의 영향권을 메소포타미아까지 넓히려 하였다. 메소포타미아는 경제적으로 부유하고 문화가 있는 지역이기 때문에, 이 지역을 정복한다면 경제적인 부와 풍요로운 문화는 모두 하투샤의 것이 되는 것이다. 그래서 하투실리의 목표는 할렙을 정복하는 것이었다. 하투실리뿐만 아니라, 이후 왕들의 할렙 원정은 남쪽에서 수준 높은 문화를 가지고 있었던 후리인들과 당시 문화적으로 최고 수준인 메소포타미아인들과의 교류를 활발하게 하였다.

하투실리 1세가 남긴 기록을 보면 그는 남쪽으로 진군하여 모두 승리하였다. 그는 하후, 집파쉬나, 하쉬슈를 출정하여 승리했다고 하면서 도시에 불을 질렀는데, 그 연기가 하늘의 태양의 신과 풍우신에까지 올라가게 했다고 기록했다. 히타이트 군대는 가는 데마다 방화하여 잿더미로 만들었다. 불타는 도시의 연기가 신들에게까지 올라가게 했다고 기록한 데는 이유가 있었다. 그는 "아무도 말라 강(유프라테스 강)을 건너지 못했다. 그러나 나 대왕 타바르나는 걸어서 말라를 건넜고 나의 군대도 걸어서 말라를 건넜다. 사르곤 왕도 말라를 건넜다. 그는 하후 도시를 정복했지만 도시에 불을 지르지 않아 그 연기를 풍우신께 바치지 못했다.”며 자신보다 700년 앞선 이역(異域) 땅의 지배자와 자신을 비교하고 싶었기 때문이다. 메소포타미아 전역을 장악하고 통일 제국을 건설한 아카드의 사르곤 왕 이후 처음으로 유프라테스 강을 건넜다고 자부심을 가졌던 하투실리의 정복 사업은 성공적이었다. 그러나 정복으로 얻은 땅을 지키고 또 내부의 기율(紀律)을 세우는 것은 그리 쉽지 않았다. 그의 혈족이 그를 가만히 두지 않았기 때문이다.

하투실리는 말년을 할렙을 정복하기 위해 수차례 원정에 나섰으나 이 원정에서 중상을 입은 후 이전에 머물렀던 쿠사라로 돌아가 그곳에서 짧은 여생을 보냈다. 그는 쿠사라에서 유서를 남겼다. 하투실리가 남긴 기록의 일부분을 보자.

“위대한 타바르나가 왕가의 사람들과 병사들과 귀인들에게 말하노라:

이제 나는 병들었다.

나는 여러분들에게 젊은 라바르나(여기서는 후계자인 왕)의 이름을 말한 적이 있다.

그가 왕좌에 앉게 될 것이었다. 나, 왕은

그를 아들이라 불렀고 포옹하면서 그를 높였다.

언제나 그를 감쌌다. 그런데 그 아이는 어떻게 행동했는가?

그는 눈물도 흘리지 않고 아픔도 느끼지 않는다.

냉정하고 동정심도 없다.

그래서 나, 왕은 묻기 위해 그를 불렀다.

그런데 이게 무언가?

이제 어느 누구도 여동생의 아들을 아기처럼 돌봐주지 말아라!

그는 왕의 말을 듣지 않았다.

뱀 같은 자기 어머니의 말에 귀를 기울인다.

형제들과 자매들이 그에게 이간하는 말을 전한다.

그는 이들의 말을 믿는다.

이제 왕인 내가 알게 되었다.

그래서 나는 그들과 싸움을 시작한다.

이제 그는 나의 아들이 아니다.

그의 어머니가 소처럼 울며 소리쳤다.

그는 내 몸의 자궁에서 나온 아이요, 그 아이를 파멸시키고 죽이려 하다니!

그런데 왕인 내가 그에게 무슨 나쁜 짓을 했단 말인가?

내가 그를 사제로 만들지 않았는가?

나는 언제나 그를 좋게 생각했는데, 그는 내가 바라는 대로 정을 주지 않았다.

그가 원하는 대로 왕이 된다면 어떻게 하투샤를 사랑할 수 있겠는가?

…

자 이제 무르실리가 나의 아들이다.

모두들 그를 알거라! 그를 왕좌에 앉혀라!

신이 그에게 선을 선사했노라! 신만이 사자를 사자의 자리에 앉히느니라.

…

내가 죽거든 나를 깨끗이 닦아라!

내 가슴을 누르고, 가슴을 잡고 흙에 묻어라.

타바르나 대왕의 기록판

타바르나 대왕이 쿠사라에서 병들어 어린 무르실리를 왕으로 추대하며.

이 유서는 승계자로 떠오른 조카가 적국의 꾀임에 빠져 반기를 들고 친딸마저 아버지한테 반기를 들자 혈족으로부터 외면당한 하투실리가 왜 무르실리를 승계자로 해야 하는지 그 이유를 귀족 의회인 판구에게 설명하기 위해서 남겨졌다. 하투실리가 손자 무르실리를 후계자로 정한 결정을 정당화하기 위한 성격이 짙게 남아 있다. 하투실리의 유서는 정치적 성격이 있을 뿐만 아니라, 설득력 있고 간결한 문체로 작성되어 문학적인 성격도 담고 있다는 점에서 중요한 사료로 꼽는다.

하투실리를 이어 무르실리 1세(기원전 약 1540~1530년)가 왕이 되었다. 무르실리의 목표는 할아버지가 이루지 못한 할렙의 정복이었다. 무르실리는 후리를 정복한 승리의 여세를 몰아 시리아를 넘어 아예 유프라테스 강 너머 바빌론 땅을 향해 진군했다. 메소포타미아에 있는 바빌론의 함무라비 군대는 말이 이끄는 전차를 타고 북쪽에서 내려온 히타이트 전사를 맞아 파죽지세(破竹之勢)가 되었다.

무르실리는 선왕이 정복하지 못한 할렙을 정복한 후 그 곳에 불을 지르고 폐허로 만들었다. 할렙에서 잡은 인질들과 전리품들을 모두 하투샤로 가져왔다. 할렙을 폐허로 만든 자신감에 힘입어 모든 국력을 고대 바빌론 왕국을 공략하는 데 소모했다. 결국 무르실리는 세계의 수도 바빌론을 함락시켰다. 바빌론의 거대한 성탑(聖塔) 지구라트도 파괴시켰다. 천하의 무적 대군 바빌론 왕국이 히타이트의 무르실리 전사에게 패망됨으로써, 바빌론의 함무라비 왕조는 기원전 1530년경 왕조의 종말을 맞았다. 감히 넘보지 못할 바빌론 왕국을 산악의 전사들이 괴멸시킨 역사적인 대사건이었다. 그러나 하투샤를 떠난 대장정의 역전(力戰)은 히타이트와 무르실리에게는 감당할 수 없는 엄청난 결과였다.

무르실리의 대장정으로 하투샤는 오랫동안 왕 자리가 비게 되었다. 하투샤에 남아 있는 사람들이 호시탐탐 기회를 노리고 있다는 소문이 무르실리에게 전해지자, 그는 전승의 기쁨을 만끽할 겨를도 없이 서둘러 수도 하투샤로 돌아와야만 했다. 급히 하투샤로 돌아온 무르실리는 기원전 1530년에 그를 기다리고 있던 처남 한틸리에게 암살당하고 만다. 자리가 잡히지 않은 왕국의 초기에 통치자인 왕이 왕좌를 장기간 비운 것은 왕좌를 노리는 사람들에게는 절호의 기회였다. 하투샤 왕실 내에 돌고 있는 불안감은 이미 하투실리 1세 때부터 있었다. 하투실리가 후계자를 정하였으나, 그가 오히려 음모를 일으켜 반기를 들고 나오자 이 결정을 파기하고 나이 어린 무르실리를 후계자로 결정할 때부터 악의 씨는 잉태되고 있었다.

바빌론을 정복한 무르실리가 한틸리에게 암살당하고 한틸리가 왕이 된 것은 이후 반세기가 넘게 하투샤 왕국이 처할 비극의 시작이었다. 선왕들이 거둔 영토는 하나하나 떨어져 나가고 하투샤 왕실은 극도로 불안해지기 시작했다. 하투샤에 먹구름이 내려앉기 시작했다.

유혈극을 부른 왕실 내 권력 투쟁

무르실리에게는 하랍쉴리라는 여동생이 있었다. 그녀의 남편 한틸리는 무르실리의 승승장구를 시기하면서 배 아파했다. 그래서 지단타라는 사위와 함께 무르실리를 살해하였다. 하투샤 왕실에서 왕위 찬탈을 위한 최초의 살인 사건이 발생한 것이다. 한틸리라는 이름은 루비어에서 나온 것으로 보아, 그는 남쪽의 루비 왕국 출신으로 추정된다. 한틸리는 왕위에 오른 뒤 선왕들의 시리아 원정 사업을 이어 나갔다.

그러나 후리족의 하투샤에 대한 습격과 약탈로 한틸리는 아내 하랍쉴리와 아들들을 잃었다. 히타이트 사람들의 종교관에 따라 해석한다면, 신이 후리족을 보내 한틸리에게 큰 벌을 내리신 것이다. 하투샤 왕실에는 아직 법 질서가 정착되지 않아 왕실이 건재할지 늘 불안하였다. 불안한 한틸리는 하투샤에 성곽을 세우면서 "어느 누구도 하투샤에 성곽을 세우지 않았다. 나, 한틸리는 성곽으로 둘러쌓인 도시를 만들었다"고 기록을 남겼다.

비극적인 왕위 찬탈극의 공모자로 등장한 지단타의 권력욕도 가만히 있지 않았다. 한틸리가 병석에서 죽음을 기다리고 있을 때, 왕위 승계자인 한틸리의 아들 카쉬셰니를 비롯하여 왕비와 시종들을 모두 죽이고 왕이 되었다. 지단타는 왕위를 노리고 두 번째 살인극을 벌인 것이다. 하투샤 왕실이 무법천지가 되었다. 불타는 권력욕과 힘만 있으면 왕이 되었다. 왕가의 혈통은 문제 되지 않았다. 지단타의 통치는 짧게 끝났다.

악(惡)이 또 다른 악을 낳듯이, 지단타는 자신의 아들 암무나에게 살해당했다. 암무나는 아버지를 죽이고 왕이 되었다. 악의 행진이 극에 달하고 있다. 후에 텔리피누 왕은 이 상황을 "지단타가 왕이 되자, 신이 그에게 카쉬세니를 죽인 벌을 내리셨다. 신이 암무나를 시켜 아버지를 죽이게 했다"는 말로 기록해놓았다. 암무나 시기에 가뭄이 계속되었고, 많은 속국과 동맹국들이 하투샤에서 떨어져나가자 왕국은 몰락 형세로 접어들게 되었다.

암무나에게는 티티야와 한틸리라는 두 명의 아들이 있었으므로 이 중의 한 사람이 왕이 될 수 있었다. 그런데 살해당한 지단타의 여동생과 결혼한 근위대 대장인 주루라는 사람도 아들이 다섯 명이나 되었다. 장남이 후지야였는데, 주루도 후지야를 왕으로 만들고 싶은 야망에 잠을 못 이루고 있었다. 드디어 이 사람도 마음먹은 바를 결행하였다. 근위대 대장 주루는 그의 아들을 보내 티티야 일가의 아들들을 죽이고 사신 타루슈를 보내 한틸리와 그의 아들들을 모두 죽였다. 그리고 후지야가 왕이 되었다.

살인에 살인을 거듭하고 있는 왕위 찬탈극은 끝을 몰랐다. 후지야는 이전 사람들과는 다른 상황에서 살인을 결심한다. 이전 사람들은 왕 자리를 차지하기 위해 불타는 권력욕을 이기지 못해 살인을 결행했지만, 후지야는 암무나의 처남인 텔리피누가 살아 있는 한 자신의 왕좌가 언제 뺏길지 모르는 불안감에 텔리피누를 제거하려 하였다. 텔리피누는 후지야의 큰 누이 이스타파리야쉬와 결혼한 상대, 즉 후지야의 매부였다. 그런데 후지야의 암살 계획은 사전에 텔리피누에게 발각되어, 텔리피누가 먼저 선수를 치는 바람에 후지야는 퇴위되고 텔리피누가 왕이 되었다.

역사의 혼란기에는 어떤 전환점이 돌파구가 되는 것처럼, 피비린내 나는 권력 싸움이 계속되고 있는 히타이트의 역사에도 그런 계기가 찾아왔다. 텔리피누가 그 계기를 가져온 인물이었다. 그는 후지야를 퇴위시키고 왕이 되었으나, 후지야와 그의 다섯 명의 아들을 죽이지 않았다. 하투샤 역사상 이례적인 일이 벌어졌다. 그는 후지야와 다른 공모자들을 심판하기 위해 귀족 의회인 판구를 소집했다. 판구에서는 이들에게 사형이라는 극형을 내렸지만, 텔리피누는 사형을 집행하지 않고, 이들에게 농지와 동물을 주고 농사지으며 살라고 유배지로 보냈다. 자기를 죽이려 했던 사람을 죽이지 않고 용서하며 인성에 호소하는 대왕이 탄생하였다. 그는 왕실의 음모와 모략, 왕좌를 위한 권력욕과 복수욕에 의한 유혈극을 종식시키고 왕국의 발전을 위해서는 자신이 먼저 전례를 밟지 않아야 한다고 생각했다.

하투실리 1세 때부터 텔리피누 왕 즉위까지는 약 65년이란 세월이 흘렀는데, 그중 반을 왕좌를 위한 권력 싸움으로 국력을 소비했다. 텔리피누는 왕실에서 왕좌를 위한 살육은 이제 없어야 하고, 그러기 위해서는 왕위 계승을 합리적으로 하기 위한 법 규정이 절실히 필요하다고 생각했다.

텔리피누는 왕위 계승을 순서로 정하는 법을 만들었다. 이로써 히타이트가 도약하는 계기가 마련되었다.

법과 질서를 사랑한 텔리피누

텔리피누는 하티인들이 믿는 신의 이름이다. 텔리피누라는 신이 있다가 사라지면 모든 자연물이 다 죽고 그가 돌아오면 죽은 것이 다 되살아난다는 신화가 있다. 텔리피누가 왕이 되면서 그는 신화 속의 텔리피누처럼 하투샤 왕실을 살리려는 작업을 하였다. 그는 마음속에 결심한 개혁 의지를 실현하기 위해 귀족 의회인 판구를 소집하였다. 그리고 판구의 위원들에게 그 동안의 권력 투쟁 사례와 그로 인한 혼란, 왕국의 영토 축소와 왕국의 몰락 상황을 설명한 후 왕위 승계의 기준을 발표하였다. 판구는 텔리피누의 왕위 승계법을 승인하였다. 텔리피누가 발표한 왕위 승계법을 보통 '텔리피누 칙령' 이라고 한다. 왕위 승계의 순서는 다음과 같다.

"정실 부인에서 태어난 아들이 왕이 되어야 한다.
정실 부인에서 태어난 아들이 없으면 후실에서 태어난 아들이 왕이 된다.
왕에게 아들이 없을 경우, 정실 부인에서 난 딸을 대신하여 사위가 왕위를 물려받는다."

텔리피누는 왕실에서 계속되어온 피비린내 나는 살육 싸움이 종식되기를 바라고, 왕의 즉위는 위와 같은 엄격한 기준을 따를 것이라고 공포하였다. 왕이 판구의 승인을 받고 공포한 이 법은 히타이트 제국의 종말이 있을 때까지 시행되었다. 텔리피누 칙령 시작 부분에는 라바르나, 하투실리, 무르실리 왕의 업적이 기록되어 있다. 무르실리 왕의 업적을 기린 끝 부분에 "지단타가 한틸리와 공모하여 나쁜 일을 하였다. 무르실리를 살해하였다. 살인이었다"라고 하면서 한틸리, 지단타, 암무나, 후지야의 악행을 상세히 적었다. 그리고 텔리피누는 계속한다.

"왕실 가족 간에 피 흘리는 싸움이 계속되고 있다. 이쉬타파리야 왕비도 죽었다. 암무나 왕자도 죽었다. 신들이 우리에게 말한다. 하투샤에서 피 흘리는 일이 계속되고 있구나! 그래서 나 텔리피누 왕은 귀족 의회인 판구를 소집했노라. 지금부터는 하투샤 왕자들에게 어느 누구도 나쁜 짓을 하지 말지며, 그들에게 칼을 대서는 안 되느니라."

그리고는 "서열 1위의 왕자만이 왕이 되어야 한다, 서열 1위의 왕자가 없으면 서열 2위의 아들이 왕이 된다, 왕에게 아들이 없을 경우 서열 1위의 딸을 대신하여 사위가 왕위를 물려받는다"고 강조하고, 왕실 가족 간에 한몸같이 단결하여줄 것을 호소하였다. 텔리피누는 왕실 가족 간에 살인은 악한 일이므로 앞으로는 없어져야 하며, 앞으로 누가 왕이 되든 간에 형제 남매 간에 악한 일을 하려는 사람에게 "이 판을 읽어보아라! 그 옛날 하투샤에 살인이 잦았다. 그래서 신들이 그 사람들을 다 데려가셨다"라는 말을 해주라고 경고했다.

텔리피누의 법 정신은 여기에 그치지 않는다. 유혈극은 또 다른 복수를 낳게 하므로 연좌제를 폐지하여 복수의 악순환을 막도록 하였다. 텔리피누가 법의 역사에 큰 획을 그었다고 평가받는 부분은 바로 이것이다. 당사자는 혼자 처벌받아야 하지 그의 가족들이나 재산에 해를 주어서는 안 된다는 것이다. 참으로 현대적인 법의식이었다. 그래서 학자들은 텔리피누에게 시대의 휴머니스트라는 과찬을 아끼지 않는다.

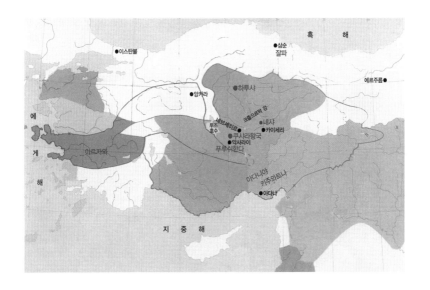

"어느 누가 형제 자매 간에 나쁜 일을 한다면, 수장인 왕이 책임을 지고 귀족 의회를 소집하라. 만약 나쁜 일을 한 것으로 확인된다면 사형으로 벌을 받을지니라! 주루, 다누와, 타후르와일리, 타루흐슈같이 아무도 모르게 죽이지 말지니라! 그 사람의 집이나 처, 아이들에게 해를 주어서는 안 되느니라! 만약 왕자가 죄를 범하면 사형으로 벌을 받을지니라! 그의 집이나 처, 아이들에게 해를 주어서는 안 되느니라! 만약 왕자가 죄를 범하여 사형에 처해진다면, 왕자의 죄로 인해 그의 집, 농지, 시종, 소, 염소에 손을 대서는 안 되느니라!"

텔리피누가 즉위할 즈음 하투샤의 대내외 상황은 매우 악화되어가고 있었다. 오래 계속된 하투샤의 권력 투쟁으로 약해질 대로 약해진 내부 체제가 피폐해진 틈을 이용해 토로스 산맥의 남쪽에 키주와트나라는 정치 세력이 강세를 보였다.

키주와트나는 북시리아로 들어가는 직통로에 위치하고 있었기 때문에, 히타이트 인들에게는 매우 중요한 왕국이었다. 아르자와가 반란을 일으키자 히타이트는 아나톨리아 남동쪽에서 빠져나와야 했다. 아다니야(지금의 아다나)도 히타이트의 수중에서 떨어져나갔다. 키주와트나 남쪽에 있는 아다니야는 히타이트 영토였지만 암무나 왕 시대 때 키주와트나에게 빼앗겼다. 텔리피누는 킬리키야 평원과 피라무스 강 계곡을 차지하고 있던 키주와트나의 이쉬푸타흐슈 왕과 조약을 체결해야만 했다. 조약의 내용이 무엇인지 아직 모르지만, 키주와트나 왕이 스스로를 대왕이라고 칭한 것으로 보아, 이 조약으로 히타이트 왕이 키주와트나 왕을 자신과 동급의 왕으로 인정한 것으로 보인다. 키주와트나의 왕과 체결한 조약은 히타이트가 국가 대 국가 간에 맺은 최초의 조약이 되었다. 군사적인 무력으로만 대외 관계를 하던 히타이트 왕국이 텔리피누 시대에 들어 협상을 시작하게 되었다. 텔리피누의 법과 질서 의식이 대외 관계에서도 발휘되었다.

텔리피누(기원전 약 1500년대경)에 이어 알루왐나, 한틸리 2세, 지단타 2세, 후지야 2세, 무와탈가 왕이 되었으나, 그는 사실상 히타이트 왕국 시대의 마지막 왕이 되었다. 이상하게도 텔리피누 집정 후반기부터는 텔리피누에 대한 기록이 아주 적으며, 한틸리 2세, 지단타 2세 등 텔리피누 이후의 왕들에 대한 기록도 많이 알려져 있지 않다. 텔리피누 이후부터 제국 시대를 연 투탈리야 1세(기원전 약 1420~1400년) 전까지의 80여 년에 가까운 기간에 대한 충분한 기록이 없어 히타이트 역사의 공백이 생기게 되었다.

히타이트 연대표(연대는 기원전)

왕국 시대

쿠사라의 피타나   상업 중심지인 네샤를 정복함.

쿠사라의 아니타   1750년경

                잘파, 하투샤 등을 정복하고 아나톨리아에서 중요한

                정치 세력으로 성장함.

라바르나(?)   1650년경

                히타이트 왕국의 건국자로 알려지기도 하는 반면,

                라바르나는 인물이 아니라 왕의 칭호라는 설이 우세함.

하투실리 1세   1565~1540년

                제국주의 정책을 펴서 영토를 서부 아나톨리아, 북시리아

                및 상류 메소포타미아 지역으로 확장함.

무르실리 1세   1540~1530년

                시리아 알레포로 출정한 뒤 바빌론을 정복함으로써,

                영토를 크게 확장함.

한틸리 1세 ┐

지단타 1세 │   왕위 찬탈극으로 궁중 살인 사건이 계속되어

암무나   │   지금까지 확장해놓은 영토를 상실함.

후지야 1세 ┘

텔리피누   1500년경

                왕위 승계법을 제정하여 왕실의 안정을 도모하고,

다른 나라와 협정을 체결하여 평화 정책을 추구함.

알루왐나

한틸리 2세　　　　히타이트 중심 지역에 대한 카쉬카족의 침략이 증가함.

지단타 2세

후지야 2세

무와탈리(?)　　　왕위 자격이 없이 등극하였다가 곧 폐위됨.

제국 시대

투탈리야 1세　　　1420~1400년

　　　　　　　　　아르자와, 미탄니 왕국에 대한 정치, 군사적 압박을 계속함.

아르누완다 1세　　1400~1375년

　　　　　　　　　카쉬카족의 계속적인 침략으로 영토 확장 정책이 중단됨.

투탈리야 2세　　　1375~1355년

　　　　　　　　　카쉬카족이 최대의 위협 세력으로 등장하여 아르자와 등

　　　　　　　　　주요 지역을 상실했으나 재위 후기에 회복하기 시작함.

하투실리 2세(?)

투탈리야 3세(?)

수필룰리우마 1세　1355~1320년

　　　　　　　　　미탄니 및 카르카므쉬 왕국을 정벌하고 미탄니에 속한

　　　　　　　　　북부 시리아, 우가리트, 아무르 지역 등을 제국의 영토에

　　　　　　　　　편입함으로써 군사, 정치적으로 위대한 지도자로 등장함.

아르누완다 2세　　1320~1318년

무르실리 2세   1318~1290년

수많은 변경에서 전쟁을 치르고 영토를 확장하였으나

전염병의 창궐로 말년을 불운하게 종식함.

무와탈리   1290~1272년

이집트와 결전을 벌이기 위해 수도를 하투샤에서

타르훈타쉬샤로 이전함.

무르실리 3세   1272~1265년

수도를 다시 하투샤로 이전함.

하투실리 3세   1265~1240년

왕위를 찬탈하여 등극함으로써 왕실 내 불화를 가져와

제국의 종말의 길을 열었으나, 이집트와 평화 조약을

체결하여 대외적으로 평화를 유지함.

투탈리야 4세   1240~1215년

아시리아에 대해 무역 봉쇄 조치를 내리고, 동 광석 확보를

위해 알라시야(키프로스)와 전쟁을 하여 승리함.

아르누완다 3세   1215년~?

수필룰리우마 2세   ?~1190년

육상과 해상으로 쳐들어온 북방 민족의 침입으로 제국이

멸망함.

(1) 히타이트의 연대기에서 왕의 재위 기간을 설정하는 데, 히타이트 왕국 시대는 히타이트 제국 시대에 비해 장기 연대기, 중기 연대기, 단기 연대기별 차이가 많이 발생하고 있다. 그 이유는 정확한 연대를 알 수 있는 자료가 적기 때문에 학자들의 시각에 따라 연대 차이가 발생하고 있기 때문이다.

예를 들어, 42년 재위한 함무라비 왕의 치세 기간은 장기 연대기에 따르면 기원전 약 1848~1806년, 중기 연대기에 따르면 기원전 약 1792~1750년, 단기 연대기에 따르면 기원전 약 1728~1686년에 해당된다. 장기 연대기를 택하느냐, 아니면 단기 연대기를 택하느냐에 따라 이들 사이에 120년의 차이가 있게 된다. 히타이트의 연대기에도 이런 차이가 발생하고 있다. 최근 고인이 된 터키의 고고학자 에크렘 아쿠르갈의 주장에 따르면, 히타이트 제국 시대는 약 30년의 연대 차이가 발생하고 있다. 이집트와 접촉을 많이 가졌던 히타이트 제국 시대(기원전 1420~1190년)에는 히타이트인들이 기록을 많이 남겼고, 또 이집트 기록을 통해서도 확인할 수 있기 때문에 연대 기술 오차가 비교적 적은 편이다. 이에 비해, 히타이트 왕국 시대의 연대기는 연대를 알 수 있는 자료가 적어, 학자들 간 연대 설정에 차이가 많이 발생하고 있다.

(2) 2002년 1월부터 4월까지 독일에서 열린 히타이트 유물 전시회를 위해 터키와 독일 학자들에 의해 발간된 『히타이트인과 히타이트 제국』(Hititler ve Hitit İm paratorluğu, 독일어와 터키어로 되어 있음)에 있는 연대표에 따르면, 이전까지 알려진 무와탈리는 무와탈리 2세로, 하투실리 3세는 하투실리 2세로, 투탈리야 2세는 투탈리야 1세로, 투탈리야 3세는 투탈리야 2세로, 투탈리야 4세는 투탈리야 3세로 정정되었다.

(3) 상기 책자에는 저명한 히타이트 학자들의 글이 게재되어 있어 최근까지의 연구 결과를 반영한 것으로 이해되지만, 이 책의 연대표를 따를 경우, 예를 들어 야즐르카야에 있는 부조물의 주인공은 이미 히타이트 학계나 일반에서 투탈리야 4세로 널리 알려져 있는데 이를 3세로 한다면 혼란을 일으킬 수 있으므로, 위의 연대표의 히타이트 왕의 즉위 순서는 거니 박사가 분류한 것을 따르되, 왕의 통치 연대는 상기 도서에 있는 자료를 따랐음을 밝혀둔다.

히타이트 제국 시대를 열다

히타이트 제국 시대를 개막한 왕은 투탈리야 1세(기원전 약 1420~1400년)이다. 투탈리야는 하티어로 성산(聖山)의 이름이다. 투탈리야 1세로 개막된 히타이트 제국은 기원전 1190년까지 약 230년 간 계속되었다. 과거 역사학자들은 히타이트 왕국 시대에 투탈리야라는 왕이 있었던 것으로 보고, 일단 그를 투탈리야 1세로 해놓은 다음 히타이트 제국 시대의 투탈리야를 2세로 지정하였다. 그런데 연구 결과 히타이트 왕국 시대에는 투탈리야 왕이 없었던 것으로 결론을 내렸다. 그렇지만 역사학계에 오랫동안 익숙하게 알려진 투탈리야 2세를 1세로 바꾸는 것이 쉽지 않았다. 이 때문에 일부 히타이트 역사학계에서는 투탈리야 2세를 1세로 바꾸지 않고 이전에 지정한 세대 숫자를 그대로 사용하고 있는 경우가 대부분이다.

기원전 15세기 투탈리야는 국력이 약해진 히타이트에 힘을 불어넣고 잃어버린 영토를 회복한 강력한 통치자였다. 투탈리야는 즉위하자마자 눈을 북부 시리아로 돌렸다. 북부 시리아는 히타이트의 선왕들이 전통적으로 추진해온 정복 사업의 목표이다. 아나톨리아와 메소포타미아 평원의 자연 경계는 토로스 산맥이다. 유프라테스 강과 티그리스 강은 이 두 지역을 연결하는 역할을 한다. 지리적인 위치 때문에 메소포타미아 상류의 북부 시리아 지역은 아나톨리아와 메소포타미아 문화가 만나는 곳이다. 지중해 연안 지역으로부터 팔레스타인, 이집트, 메소포타미아, 이란, 아나톨리아 지역을 연결하는 상업로가 다 여기서 만나게 된다. 그러므로 이 지

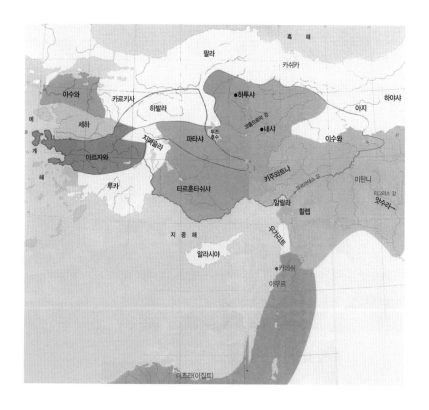

역 내 정치 세력은 직접, 간접으로 이 지역을 장악하려 하였다. 그런데, 투탈리야에게는 이 시리아 정복이 무엇보다도 절실했다. 왜냐하면 이집트의 투트모스 2세가 북부 시리아에 대한 영향력을 키워나가고 있어 정복 사업의 목표에 커다란 장애가 되었기 때문이었다.

히타이트 왕실에서 유혈극이 벌어지고 있을 때, 북부 시리아에서 세력을 형성하더니 어느덧 강대 세력으로 성장한 미탄니(하니발가트라고도 함)가 등장하였다. 미탄니는 주로 후리인들로 구성되었다. 미탄니는 히타이트, 이집트, 바빌론,

아시리아와 함께 중근동의 중요 세력으로 부상하였고, 하투샤에 심각한 위협으로 다가오기 시작하였다. 토로스 산맥의 남쪽에 위치한 키주와트나를 놓고 히타이트와 미탄니 왕국은 경쟁 관계에 놓이게 되었다. 비옥하고 경제적으로 부강한 시리아의 도시 국가는 히타이트뿐만 아니라 미탄니의 왕들도 욕심을 내고 있었기 때문이다.

투탈리야 왕은 아나톨리아 서부에 있는 아르자와, 세하, 하발라를 정복하였고, 최북서쪽에서 연합군을 구성해 히타이트에 대항한 아수와도 정복하였다. 투탈리야는 아수와와의 싸움에서 그 나라를 멸망시키고 만 명의 보병과 600대의 전차, 전차 병사들을 하투샤로 데려왔다고 기록했다. 그는 북시리아 할렙을 정복하기 전에 그 길목에 있는 이수와와 키주와트나에 출정했다. 이수와는 히타이트와 미탄니 사이에서 이쪽 땅이 되었다가 저쪽 땅이 되었다를 반복했다. 시리아로 들어가는 길목에 위치한 키주와트나의 전략적인 위치 때문에 과거 히타이트 왕들이 키주와트나와 몇 차례 조약을 맺었지만, 미탄니가 키주와트나를 자기 편으로 끌어들이는 데 성공했다. 그러나 투탈리야는 미탄니 편에 있는 키주와트나를 회유하여 다시 조약을 맺는 데 성공하였다. 키주와트나를 히타이트 편으로 만든 투탈리야는 북시리아의 도시 할렙을 향해 출정했다. 투탈리야의 전사들은 할렙을 폐허로 만들었다. 히타이트 전사가 북시리아에 등장하자 할렙의 왕이 투탈리야와 조약을 맺었다. 그런데 할렙의 왕은 미탄니를 의식하여 미탄니하고도 조약을 맺었다. 투탈리야는 할렙 왕의 이중적인 행동이 하투샤에 등을 돌린 것이라며 할렙을 공격했다.

히타이트 전사가 시리아를 향해 남쪽으로 진군을 시작하자, 이번에는 북쪽 흑해 지역 연안의 카쉬카족들이 하투샤를 위협하였다. 흑해 산악 지형에서 살던 카쉬카족은 기회가 생기기만 하면 하투샤를 약탈함으로써 히타이트를 계속 괴롭혔는데, 이상하게도 히타이트는 하투샤와 아주 가까이 있는 카쉬카를 한 번도 토벌하지 못하였다. 또한 서쪽에서도 아타리시야가 히타이트의 지배하에 있던 서부 땅에 도전해오기 시작했다. 투탈리야는 아타리시야에게서 쫓겨난 마두와타라는 사람에게 아나톨리아 서부에 속국을 세워주어 아타리시야를 견제하게 만들었다. 그러나 마두와타는 자신의 영토를 확장시키기 위한 욕심으로 투탈리야에 대한 충성서약을 무시하고 하투샤와 적국 사이를 오가며 히타이트를 괴롭혔다.

아르누완다 시대에도 상황은 나빠졌다. 카쉬카족들은 하투샤를 계속 공격해왔고 마두와타는 아타리시야와 공모하여 아르자와 왕국을 점령하고 히타이트의 속국들을 자기 편으로 끌어들였다. 아르누완다는 카쉬카족의 계속적인 약탈 행위에도 속수무책이었다. 그래서 하투샤에서 멀리 떨어진 서부에서 괴롭히는 마두와타에도 무력으로 대처할 여유가 없었다. 이때 상황을 남긴 기록을 보면 얼마나 많은 적들이 하투샤를 괴롭혔는지 짐작할 수 있다.

"하티 도시가 국경 너머 저 멀리 있는 적들에게 약탈당했다. 카쉬카 적들이 쳐들어와 하투샤를 약탈했고 네네쉬샤를 그들 국경 안에 넣었다. 아래쪽 나라에서는 아르자와의 적군이 쳐들어와 하티의 도시들을 약탈하고 투와누와 우다를 그들 국경 안에 넣었다. 저 멀리 아라운나에서도 적군이 쳐들어와 가시야 땅을 약탈하였다. 또 이보다 더 멀리 아지에서도 적군이 쳐들어와 윗나라 도시들을 모두 약탈하고 사무하를 그들의 국경 안에 넣었다. 또 이수와에서도 적군이 쳐들어와 테가라마 땅을 약탈했다. 아주 먼 아르마타나에서도 적군이 쳐들어와 하티 도시들을 약탈하고 키주와트나를 그들의 국경 안에 넣었다. 하투샤는 불타고 폐허가 되었다."

투탈리야의 영토 확장 정책은 카쉬카족의 계속적인 약탈로 히타이트 권력 내부를 위협하여 아르누완다 왕 시대에는 이어지지 못했고, 대신 속국들과 충성 서약을 강화하여 제국의 내실을 기하는 데 힘을 기울였다. 카쉬카와 속국들의 반란으로 불안해진 하투샤는 수필룰리우마 1세(기원전 약 1355~1320년) 시기에 회복되었다. 수필룰리우마 재위시에 아나톨리아에 한정된 세력권을 시리아 및 메소포타미아 지역까지 확장함으로써, 명실 공히 제국의 면모를 갖추게 되었다. 그는 하투샤의 남쪽 성벽을 축조하고 방어 체제를 점검하면서, 영토 확장을 위해서는 가까운 적을 잘 처리하는 것이 무엇보다 중요함을 깨달았다. 하투샤 국경 지역에 위치하며 계속 하투샤를 넘보고 있는 카쉬카와 한 차례 싸움을 치렀고, 출정 때마다 신에게 제사 지내는 일을 중요한 일로 삼아 이를 게을리하지 않았다.

수필룰리우마의 일차 목표는 미탄니였다. 첫 번째 미탄니 공격은 실패로 끝났다. 다음 공격이 성공하기 위해서는 치밀한 전략이 필요했다. 미탄니의 방어선이 북부 시리아에 있으므로 미탄니를 기습 공격하기 위해서는 아나톨리아에서 바로 남쪽으로 내려가지 않고 힘이 더 들지만 아나톨리아의 동부 산악 지형을 넘어 미탄니를 후방에서 치는 것이 효과적이라고 판단했다. 이 산악 지대에는 아지와 하야샤 왕국이 길목을 막고 있었는데, 이들 나라는 지위가 거의 동등한 여러 군주들이 지배하고 있어 조약이 효력을 발휘하지 못하고 있는 골치 아픈 지역이었다. 수필룰리우마는 이들과 조약을 맺고 자신의 여동생을 이 지역 군주 대표와 결혼시킴으로써 조약의 약속 내용을 확실히 보장받도록 하였다.

이집트의 상황도 그에게 유리하게 전개되고 있었다. 아멘호테프 3세가 죽고 아켄아텐이 즉위하였으나, 그는 새 수도 아케트 아톤에만 정신이 팔려 시리아 출정 같은 데는 관심을 두지 않았다. 수필룰리우마는 유프라테스 강을 건너 말라티야

동쪽에 있는 이수와를 완전히 정복하고 미탄니의 수도 와슈카니를 향해 진군하여 도시를 약탈하였다. 수필룰리우마는 다시 유프라테스 강을 넘어 시리아로 출정하였다. 히타이트 군대는 시리아의 다마스커스 근처 아비나까지 들어갔다. 드디어 시리아의 할렙과 알랄라가 히타이트 수중에 들어왔다. 미탄니의 패배는 히타이트가 시리아를 정복하는 것을 쉽게 만들어주었다. 수필룰리우마는 히타이트의 오랜 골칫거리였던 카르카므쉬도 포위 8일 만에 정복하고 유프라테스 강의 시리아 영토를 거의 다 차지했다. 카르카므쉬 약탈을 묘사한 기록에는 많은 양의 금, 헤아릴 수 없는 청동 도구들, 3,300명의 포로를 잡았다고 되어 있다. 수필룰리우마의 명성은 이집트까지 퍼졌다. 연전연승으로 히타이트 전왕들의 오랜 숙원을 푼 수필룰리우마는 자신의 칭호를 "라바르나, 위대한 왕, 하티 땅의 왕, 영웅, 풍우신의 총애를 받는 자"라며 자신의 위대함을 강조하였다.

수필룰리우마는 카르카므쉬와의 전쟁 중 이집트로부터 편지 한 통을 받았다. 이집트의 파라오 투탕카멘(기원전 1332~1322년)이 젊은 나이에 죽자 과부가 된 안케센아멘이 수필룰리우마의 아들과 결혼할 뜻을 밝혔다. 과부가 된 이집트 왕비는 다음과 같은 서신을 수필룰리우마에게 전했다.

"내 남편이 죽었습니다. 아들도 없습니다. 당신은 아들이 많다고 들었습니다. 당신 아들 중 한 명을 보내주십시오. 그가 내 남편이 될 것입니다."

그러나 수필룰리우마는 낯설기만 한 이 제의에 당황하였고, 저의가 무엇인지 의심하였다. 수필룰리우마는 원로 회의를 소집하고 이 당찬 제의에 대해 어떻게 대응하는 것이 좋을지를 협의했다. 회의 결과 특사를 파견하여 진짜 의중을 파악해보자는 결론을 얻었다. 수필룰리우마는 특사에게 아마도 그녀가 속이려 하는 것 같으니 직접 가서 사실을 확인하라고 당부했다. 수필룰리우마의 특사로부터 이를 전해 들은 이집트 왕비는 실망을 금치 못하고, 수필룰리우마의 아들과 진정 결혼하고 싶다는 내용을 담은 다음과 같은 서신을 보냈다.

"어찌하여 내가 당신을 속인다고 말합니까? 그렇다면 내가 아들이 있는데도 외지 사람에게 편지를 보내 내 고통을 토로한다고 생각하는 겁니까? 당신은 나를 의심하고 있군요! 내 남편이 죽었는데 (나는) 아들도 없습니다. 시종하고 결혼해야 하나요? 당신에게만 편지를 보냈습니다. 모든 사람들이 당신은 아들이 많다고 말하고 있습니다. 그러니 아들 중 한 명을 나에게 보내주시오. 그 사람이 내 남편이 될 것입니다. 그가 이집트를 통치할 것입니다."

진의를 파악한 수필룰리우마는 이 편지를 받은 후 아들 중 한 명을 보내기로 결심했다. 그러나 수필룰리우마의 아들은 이집트에 도착하기도 전에 이를 반대하는 이집트 사람에 의해 살해되었다.

수필룰리우마는 미탄니, 시리아 지역, 카르카므쉬 등을 정복함으로써 선왕들의 유업을 완성하고 히타이트를 제국으로 만들어놓은 대왕이다. 히타이트는 경쟁 상대국 이집트의 왕비가 히타이트 왕자와 결혼하겠다는 편지를 보낼 정도로 강성해졌다. 그야말로 수필룰리우마 시대에 히타이트는 전성기를 맞아 바빌론, 이집트와 함께 중근동 3대 제국의 지위를 차지하였다.

또 하나의 시련
"전염병이 제국을 휩쓸다"

최대의 제국을 완성한 수필룰리우마는 말년에 이름 모를 병으로 죽었다. 그의 뒤를 이은 아르누완다 2세(기원전 약 1320~1318년)는 병약하여 즉위한 지 2년도 안 되어 사망하였다. 아르누완다 2세가 병으로 죽자 수필룰리우마 2세의 둘째 아들 무르실리 2세(기원전 약 1318~1290년)가 등극하였다. 그는 아버지 수필룰리우마의 이름에 걸맞는 후계자로 서부 아나톨리아로 진군하여 제국의 영토를 확장시켰다.

무르실리 2세는 등극하자마자 아나톨리아 서부쪽에서 오는 위협에 직면하였다. 히타이트의 선왕들은 모두 시리아 지역 정복을 목표로 하였기 때문에, 아나톨리아 서부나 북쪽에서 오는 위협에 대해서는 효과적으로 제압하지 못했었다. 수필룰리우마가 정복한 할렙과 카르카므쉬 왕국이 히타이트 대왕에게 충성심을 보이고 있어 안도하고 있을 즈음, 서부 아나톨리아에서 아르자와 왕국이 연합군을 이끌고 하투샤에 대항하였다. 에게해 연안의 아르자와 왕국은 히타이트 지배에 있었으나 히타이트가 왕권 싸움으로 외부로 눈을 못 돌리는 틈을 이용해 독립을 선포했다. 아르자와는 수필룰리우마에게 정복당했지만, 그들은 남은 여세를 몰아 미라, 쿠왈리야, 하팔라 등과 연합군을 형성하여 히타이트에 다시 도전하였다.

젊고 경험이 없는 무르실리였지만 그는 재위 직후 아르자와로 출정하여 그곳을 폐허로 만들었다. 아르자와의 왕은 아히야와(오늘날 그리스)로 도망갔으나 아히야와는 아르자와 왕을 하투샤에 인도했다. 히타이트와 아르자와 간에 전쟁이 일어난 이유는 아르자와로 도망간 히타이트 병사를 돌려달라고 했는데, 아르자와 왕이 이를 거절한 데서 시작되었다. 아르자와 왕으로부터 도망병 인도 요청이 거절당하자 무르실리 왕은 전쟁을 선포하는 편지를 아르자와 왕에게 보낸다.

"나는 당신에게 당신의 나라로 도망간 우리 병사들을 돌려달라고 했다. 그런데 당신은 그들을 돌려주지 않았다. 나를 어린애 취급하고 무시하였다. 그렇다면 우리 싸우자. 하늘의 신이시여, 우리를 심판하여 주소서."

아나톨리아의 큰 세력인 아르자와를 기원전 약 1316년경 히타이트가 다시 지배하게 되었지만, 히타이트에게는 언제나 서부 지역이 안보상 취약 지역이었다. 그곳에서 반란이 일어나면 진압하여 히타이트 지배력을 심어놓곤 했지만, 하투샤에서 힘의 공백이 생기는 틈만 보이면 다시 일어나 하투샤에 반기를 들곤 하였다.

히타이트 왕들의 골칫거리는 서부만이 아니었다. 때로 북쪽의 상황은 더 심각하였다. 북쪽의 카쉬카가 언제나 힘든 상대였는데, 그들은 하투샤와 지리적으로 가까이 있었기 때문에 하투샤의 상황을 염탐하기가 쉬웠다. 하투샤에는 늘 전리품이 가득 차 있었으므로 카쉬카에게는 하투샤가 매력적인 공격 대상이었다. 히타이트의 선왕들도 카쉬카를 제압하려고 많은 노력을 기울였으나 성공하지 못하였고, 하투샤 머리 위에 적 하나를 언제나 두고 있었다. 카쉬카를 효과적으로 제거하지 못한 이유는 카쉬카족들이 나라 형태로 있는 것이 아니라, 산악 지역에서 힘을 규합하여 기습 공격으로 전리품을 들고 간 후 해산해버리는 산적 같은 무리들이기 때문이었다. 이제 시리아 지역을 평정한 상태이므로 전력을 정비하여 산적 무리 카쉬카를 평정해야 할 시기가 되었다. 무르실리는 카쉬카 토벌에 전력을 다했다. 무르실리는 재위 1, 2, 5, 6, 7, 9, 13, 24, 25, 26년차에 카쉬카 토벌에 나설 만큼,

카쉬카와 싸웠지만 이들을 완전히 제거하지는 못했다.

아나톨리아 동쪽에 있는 아지, 하야샤 왕국은 수필룰리우마와 체결한 조약을 무시하고 재위 7년째 되는 해에 하투샤에 반기를 들고 나왔다. 무르실리는 아지, 하야샤에 출정하려 했으나 쿰마니에서 열리는 종교 제의 행사에 참석해야 하는 이유로 지휘관 한 명을 진군 사령관으로 보냈다. 선왕인 아버지 수필룰리우마가 미탄니에 대한 출정 이후 종교 제의 행사에 참석하지 않았기 때문이다. 10년째 평온을 유지하던 시리아 쪽에서도 반기의 소식이 들려왔다. 무르실리의 친족인 카르카므쉬의 피야실리 왕과 할렙의 텔리피누 왕이 히타이트에 충성하며 이 지역을 잘 지켜주고 있었지만, 피야실리 왕이 쿰마니에서 열리는 종교 행사에 참석하던 중 병으로 죽게 되어 카르카므쉬에 힘의 공백이 생기게 되자, 바로 아시리아인들이 위협을 가해왔다. 무르실리 군대가 시리아에 진입하였는데도 아시리아 군대가 저항을 하지 않아 전쟁은 일어나지 않았다. 무르실리는 수필룰리우마 시대에 이집트에 대항하기 위해 히타이트 편으로 만든 시리아 지역의 작은 속국들과 유대를 강화하기 위하여 아무르 왕과 조약을 맺었다.

무르실리 2세는 치밀한 전술력과 통치력을 겸비한 유능한 왕으로 꼽힌다. 무르실리는 아나톨리아 남쪽과 동남부는 물론 남서쪽 지역에 대한 지배권도 확실하게 하였다. 무르실리 왕이 주변의 위성국들을 거의 히타이트의 지배권 아래 들어오게 함으로써 수필룰리우마 왕이 확장한 영토를 더욱 굳건히 하였다. 히타이트는 계속 전승을 거두어나갔지만 서부 아나톨리아와 시리아 연안의 알랄라, 우가리트에 영향력을 강화시키고 있는 미켄, 그리고 사라진 미탄니 왕국 다음에 등장하게 될 아시리아의 등장을 방해하지는 못하였다.

무르실리 2세는 정치적으로 성공한 왕이었지만 결코 행복하고 만족스런 삶을 살지는 못했다. 아버지인 수필룰리우마의 뒤를 이어 형인 아르누완다가 전염병으로 세상을 떠난데다가 혈육을 앗아간 전염병이 온 나라에 퍼진 것이다. 또 번개를 맞아 말더듬이로 고통을 당하고 있는 데다 수필룰리우마가 정책상 결혼했던 바빌론의 공주이자 계모인 타와난나(타바르나의 여성형으로 왕권의 존엄을 상징하는 존칭)와의 갈등 등으로 마음의 평안을 찾을 날이 없었다. 수필룰리우마와 아르누완다가 세상을 떠나자 하투샤의 관례에 따라 타와난나는 그 뒤를 이은 무르실리와 공동 통치자가 되었다. 무르실리의 말에 의하면, 그녀는 하투샤에서는 바람직하지 않은 도덕과 결코 허용될 수 없는 수많은 일을 저질러 무르실리와 갈등을 빚었다. 게다가 증오하는 그 타와난나가 사랑하는 아내 가술라위야를 마법에 걸려 죽게 만들었다고 믿고 있었으므로 무르실리의 슬픔과 절망은 깊어갔다.

자신이 말 못하는 벙어리가 되고 나라에 전염병이 창궐하게 된 게 아버지가 행한 죄 때문이라 보고, 무시무시한 전염병을 막아달라는 간절한 기도를 신에게 올린다. 무르실리의 기도문은 절망의 심연에서 나오는 간절하고도 고뇌에 찬 영혼의 깊은 기도라는 점에서 감동을 준다. 무르실리의 기도문은 문학 작품으로 평가되기도 하며, 그로부터 약 천 년 뒤에 나온 구약의 '욥기'와 비교되기도 한다. 무르실리는 기도문에서 자신과 자신의 믿음을 깊이 회개하고 있다. "무르실리가 전염병을 위해 기도할 때"라고 말미에 기록한 점토판은 비교적 긴 문장으로 구성되어 있다. 그가 전염병을 막아달라고 간절히 신에게 간청하는 점토판의 기도문은 아래와 같다.

"하티의 남자 신, 여자 신들이시여! 세상의 모든 신들이시여! 당신의 사제인 왕 무르실리가 기도하오니 신들이시여, 저의 기도를 들어주소서!

하티 나라에 전염병이 돌고 있습니다. 하티 나라는 전염병으로 무서워하고 있습니다. 전염병이 창궐하고 있습니다. 20여 년 동안 하티 나라에서는 많은 사람이 전염병으로 죽어가고 있습니다.

…

신들이시여! 투탈리야가 피흘린 대가를 치렀기 때문에 투탈리야를 죽인 사람들도 대가를 치렀습니다. 하티 나라에서 이 같은 살인은 끝났습니다. 이제 하티 나라도 그 대가를 치렀습니다. 지금은 그것이 저에게 왔기 때문에 죄의 대가를 가족과 함께 갚겠습니다. 신들이시여! 부디 편하소서! 신들이시여! 저의 말을 들어주소서! 신들께 애원하고 간청하오니 저의 말을 들어주소서! 저는 지금까지 나쁜 짓을 하지 않았습니다. 악한 일을 하고 죄를 범한 사람들은 한 사람도 남지 않고 죽었습니다. 아버지의 죄가 저에게 떨어졌기 때문에 나라에 번진 전염병의 대가를 치르고 있습니다. 제가 대가를 치렀으니 신들이시여! 제 말을 들어주소서!

…

신들이시여! 하티 나라를 살펴주소서! 당신의 사제인 제가 간청하오니 제 말을 들어주소서! 제 마음의 이 고통을 쫓아주소서! 영혼의 공포를 거두어 가주소서!

…

하티의 풍우신이시여! 신들이시여!

사람들은 죄를 짓습니다. 저의 아버지도 죄를 지었으며, 하티의 풍우신의 말씀을 듣지 않았습니다. 그러나 저는 죄를 짓지 않았습니다. 아버지의 죄가 아들에게 떨어진다고 합니다. 저에게도 아버지의 죄가 떨어졌습니다. 이제 저는 그 죄를 하티의 풍우신과 다른 신들께 고백하였습니다. 제가 아버지의 죄를 고백하였으니 하티의 풍우신과 신들이시여, 마음을 평온하게 하소서. 저를 살펴주소서. 전염병을 하티 나라에서 몰아내주소서."

이집트와의 대전쟁과 평화

무르실리 2세의 뒤를 이은 무와탈리(기원전 약 1290~1272년)는 무르실리의 두 번째 아내에서 태어난 둘째 아들이다. 무르실리는 하투샤 주위의 작은 나라들을 하투샤에 충성하는 속국으로 만들어놓았기 때문에 비교적 안정된 왕국을 후계자 무와탈리에게 넘겼다. 왕이 교체되는 기회를 이용하여 속국들이 반란을 일으켰으나, 무와탈리 즉위시에는 속국들의 반란이 없었다. 아나톨리아 서쪽에 있는 소왕국들이 반란을 일으켰지만 무와탈리는 바로 이들을 평정했다.

무와탈리는 이집트의 시리아에 대한 정복욕을 차단하기 위해서는 이집트와의 대전이 불가피하다고 판단하였고, 이를 위해서는 하투샤를 중심으로 아나톨리아 서쪽 및 북쪽의 안정이 아주 중요하다고 보았다. 서쪽의 큰 나라는 아르자와인데, 아르자와는 여러 개의 작은 나라로 구성되어 있었다. 아르자와의 동맹국 중에는 윌루사(현재의 트로이)라는 소왕국이 있었는데, 윌루사의 피야마라두가 아나톨리아 서부에서 왕권을 장악하려는 움직임이 보이자, 무와탈리는 군대를 이끌고 윌루사에 진군하였다. 무와탈리는 윌루사의 알락산두 왕자와 조약을 맺었는데 윌루사로부터 하투샤 왕에 대한 무조건적인 충성을 약속받은 후, 두 나라의 왕가를 상호 보호하기로 하였다. 또한 히타이트가 대국과 전쟁을 치르게 될 경우, 윌루사는 군사와 말이 끄는 전차를 지원해야 한다는 조건도 포함시켰다. 이는 앞으로 남동부에서 일어날지도 모르는 전쟁에 대한 지원을 염두에 둔 것으로 보인다. 이 조약에서는 대국이 어떤 나라인지 명시되어 있지는 않지만, 당시 상황으로 보아 이집트, 바빌론, 미탄니(하니발가트), 아시리아, 윌루사인 것으로 보인다.

이 시대의 히타이트에게는 이집트가 중요한 문제로 등장하게 되었다. 이집트의 파라오 세토스 1세(기원전 1290~1279년)가 즉위 5년째 되는 해에 카데쉬까지 진군하고 아무르를 정복하는 일이 일어났다. 다행히도 카르카므쉬와 할렙에 있는 히타이트 태수(오늘날의 도지사)들이 잘 저지하여 이 지역은 얼마 안 가 다시 히타이트 땅이 되었다. 그런데 이번에는 이집트의 람세스 2세가 기원전 1279년에 즉위하면서 시리아 지역에 대한 팽창 정책을 점검하기 시작하였다. 이집트 왕의 힘이 외부에 과시되면서, 이집트의 이웃 나라인 아무르가 히타이트 왕에 대한 충성 서약을 파기하고 히타이트와 결별하였고 이집트의 동맹국이 되었다. 따라서 히타이트를 배반한 아무르의 일방적 태도 변화는 히타이트와 이집트 간에 불화를 가져오는 중요한 요인이 되었다.

아나톨리아 서부를 평정한 무와탈리에게 북쪽의 카쉬카 문제가 숙제로 남아 있었다. 카쉬카족들이 끊임없이 하투샤를 기습하였기 때문에 히타이트는 이들과 오랫동안 대치하였지만 카쉬카족들의 행태는 변하지 않았다. 하지만 무와탈리는 카쉬카 문제 해결에만 전념할 수가 없었다. 왜냐하면 수필룰리우마 왕이 점령하여 히타이트의 지배권이 확실하게 된 시리아 지역을 이집트가 차지하려는 시도를 하고 있었기 때문이었다. 히타이트는 이들 둘을 동시에 처리해야만 하는 입장에 처하였다. 이를 위해 무와탈리는 유능한 동생 하투실리를 왕실 근위대 대장 겸 카쉬카족들이 있는 흑해 북쪽의 소위 '윗도시'의 태수로 임명하였다. 하투실리는 산악 지대에 사는 사람들을 이주시키고 카쉬카족을 자기 편으로 끌어들이기까지 하여 카쉬카 문제를 성공적으로 처리해나갔다.

무와탈리가 이끄는 히타이트 군대와 람세스 2세가
이끄는 이집트 군대가 치열한 전쟁을 치렀던 카데
쉬 위치도.

 무와탈리는 이집트와의 한판 결전을 위해 수도를 하투샤에서 지중해의 아다니
야 근처 타르훈타쉬샤로 옮겼다. 하투샤는 더 이상 수도가 아니었다. 왜냐하면 무
와탈리가 하투샤에 있는 신상을 모두 타르훈타쉬샤로 옮겨갔기 때문이다. 신상이
없는 하투샤는 수도도, 도시도 될 수 없었다. 카쉬카족들이 하투샤를 점령한다 해
도 가져갈 신상이 없기 때문이었다. 무와탈리는 원정에 나가기 전 북쪽에 있는 하
크미사 땅을 하투실리에게 주고, 그를 하크미사의 왕으로 추대하여 카쉬카족을 다
스리도록 하였다. 하투실리는 형 무와탈리를 도와줌으로써 히타이트 제국에서 제
2인자의 자리를 차지하게 되었다. 하투샤는 무와탈리가 총애하는 왕실 서기관인
미탄나무와에게 맡겼다. 미탄나무와는 하투실리가 어린 시절 병을 앓았을 때 잘
돌봐주어 신임을 얻은 사람이었다. 동생 하투실리에 대한 무와탈리의 대우는 매우

치밀하게 계산된 것이었다. 무와탈리는 이렇게 하여 카쉬카의 공격을 막아내는 동시에 하투실리 덕분에 이집트와의 전투에서도 카쉬카족을 동맹 세력으로 끌어들일 수 있었다.

무와탈리가 수도를 타르훈타쉬샤로 천도한 것은 전략상 올바른 판단이었다. 하투샤에서 이집트와 대전을 치르기에는 거리가 너무 멀기 때문이었다. 무와탈리는 지중해의 루비 지역도 세력권에 넣고 이집트 군대를 맞을 준비를 하나하나 해나가고 있었다. 유감스럽게도 타르훈타쉬샤의 수도가 어디인지는 아직 밝혀지지 않고 있으나, 시리아 지역에서 가까울 것으로 추측하고 있다.

무와탈리가 이끄는 히타이트 군대와 이집트의 람세스 2세(기원전 1279~1213년) 군대와의 전쟁은 기원전 1275년에 카데쉬에서 일어났다. 람세스 즉위 5년째 되는 해이다. 이 전쟁에 대한 히타이트 자료는 알려진 것이 없다. 이에 반해 이집트의 라마세움, 카르낙, 룩소, 아비도스 등의 신전 벽에는 이 전쟁과 관련한 장면과 기록이 부조되어 있다. 히타이트 군대와 이집트 군대와의 전쟁은 그때까지 있었던 전쟁 중 가장 큰 대규모 무력 전쟁이었고 강대 세력 간의 전쟁이라는 점에서 세계 전쟁이기도 하였다.

히타이트는 동맹 체제로 되어 있던 속국들과 맺은 조약에 근거하여, 이집트와의 전쟁에 속국 동맹국들의 병사와 전차를 동원하였다. 이집트 신전 벽에는 이집트 군대에 대항하여 싸운 히타이트 동맹국들의 이름이 아래와 같이 새겨져 있다.

"하티(하투샤), 나호리나(후리 지역), 아르자와(안탈야 지역), 피다사(하투샤의 남서쪽), 다르다노이(아나톨리아 서쪽), 마사(리디아 지역), 카르키사(아나톨리아 서쪽), 리키아(아나톨리아 남서쪽), 윌루사(아나톨리아 북서쪽), 아라완나(사카리야 지역), 카쉬카(아나톨리아 북쪽), 키주와트나(아다나 지역), 카디(지역 불명), 카르카므쉬(터키-시리아 국경 지역), 할파(할렙 지역), 누하쉬샤(하마-홈스의 동쪽 지역), 카데쉬(홈스의 남동쪽 지역), 우가리트(라타키야 지역), 무사나타(누하쉬샤에 속한 공국), 캅수, 이니사."

이 전쟁에서 양쪽은 큰 피해를 입었다. 이집트 신전에는 이집트가 승리하였다고 선전하고 있지만, 이 전쟁은 무승부였다. 이집트 군대가 철수하자 히타이트 군대는 다마스커스까지 이르는 지역을 모두 약탈할 수 있었다. 무와탈리 군대는 이 전쟁에서 승리했다기보다는 전리품을 적의 저항 없이 마음대로 약탈할 수 있었다는 점에서 이득을 본 셈이다. 이집트의 아무르 왕국도 다시 히타이트의 속국이 되었다. 히타이트에 충성 서약을 파기한 아무르의 벤테쉬나는 포로로 잡혔다. 이후 이집트는 시리아에 대해 손을 대지 않았다. 이 전쟁 후 람세스 즉위 20년이 되는 해인 기원전 1259년에 히타이트와 이집트 간에 평화 조약이 체결되었다.

무와탈리가 카데쉬 전투 후 얼마 안 있어 세상을 떠나자, 무와탈리의 후처의 아들인 우르히테슙이 무르실리 3세(기원전 약 1272~1265년)라는 이름으로 왕이 되었다. 무와탈리에게는 정실 부인에게서 낳은 자식이 없었기 때문이었다. 후계자 결정에는 텔리피누 칙령이 지켜졌다. 무르실리 3세의 재위 기간은 10년도 안 되는 단기간에 끝났다. 그의 뒤를 이어 작은 아버지 하투실리 3세가 왕이 되었는데, 우르히테슙, 즉 무르실리 3세와 하투실리 3세 간에 있었던 갈등으로 하투실리가 무르실리를 폐위시켰기 때문이다.

무르실리 3세는 모든 신상을 다 들고 수도를 타르훈타쉬샤에서 다시 하투샤로 옮겼다. 카데쉬 전투가 끝난 데에도 이유가 있지만, 사실상의 이유는 작은 아버지인 하투실리 때문이었다. 무와탈리에 의해 카쉬카족이 있는 북쪽 지역에서 왕이 된 하투실리는 하크미샤를 수도로 하여 상당히 큰 지배력을 확보하고 있었다. 하투샤가 오랫동안 빈 상태로 있게 된다면 카쉬카 족장들과 우호 관계를 확보한 작은 아버지가 하투샤를 수도로 하여 세력을 펼칠지도 모르는 일이기 때문이었다.

무르실리는 하투샤로 온 후, 자신의 아버지 무와탈리가 하투실리에게 해준 배려와는 달리 하투실리의 입지를 약하게 하는 일에 몰두하였다. 무르실리는 하투실리의 지배하에 있던 땅 가운데 하크미사와 네리카 두 곳을 제외하고 모두 빼앗았다. 나중에는 무르실리가 이 두 지역마저도 황폐한 도시로 만들려고 하자, 하투실리의 인내는 한계에 이르게 되었다. 후에 하투실리는 이 사건을 이렇게 기록해놓았다.

"형님께서 신이 되시고(돌아가시고)… 그에게 적법한 아들이 없었기 때문에 나는 후처의 아들인 우르히테슙을 왕위에 올렸다. 전 하투샤를 그의 손에 바쳤다. 그는 하티 나라의 대왕이 되었다. 나는 하크미사의 왕이 되었다. 나는 나의 군대와 전차로 한틸리 왕 이후에 폐허가 된 네리카 도시를 재건했다. 네리카 주변에 있는 네라, 하쉬티라 국을 내 나라의 경계로 만들었다. 나는 이 나라들을 모두 장악했다. 그들에게 세금을 내도록 했다. 네리카와 하크미사의 지배하에 있던 하하르와 마라산다 사람들을 손 안에 들어오게 하였다.

우르히테슙은 신이 나에게 이렇게 선을 베풀자 나를 시기했다. 나를 아프게 만들었다. 내가 지배하고 있던 사람들을 모두 데려갔다. 옛날에 폐허였으나 내가 새로 건설한 나라들을 모두 가져갔다. 나를 무시했다. 신의 명에 따라 하크미사는 빼앗아가지 못했다. 네리카에서는 내가 풍우신의 사제이기 때문에 네리카도 빼앗아가지 못했다. 형님을 존경하는 마음 때문에 아무 일도 하지 않고 7년을 참았다. 그는 신의 명과 사람들의 말을 믿고 나를 없애려고 하였다. 이제 하크미사와 네리카도 빼앗아갔다. 더 이상 참을 수 없었다. 그와 싸움을 시작했다."

하투실리 3세(기원전 약 1265~1240년)는 조카 무르실리 3세를 몰아내고 50대에 왕위를 차지하였다. 분명히 반역이었고, 텔리피누의 칙령을 어기는 것이었다. 왕위를 찬탈하였지만 하투샤의 원로들이나 주변 소왕국들도 하투실리 3세를 지지했다. 하투실리는 꿈속에서 이쉬타르 여신이 자신에게 "전 하투샤를 너에게 주노라"고 명했기 때문에 하투샤의 왕은 자기가 되어야 한다면서 무르실리 3세를 쫓아냈다. 이쉬타르 여신의 이름으로 왕위를 탈취한 것이다. 작은 아버지와 조카의 갈등, 소왕국의 왕인 작은 아버지와 하투샤의 대왕인 조카와의 싸움은 꿈에 나타난 여신의 말 한 마디로 끝이 났다. 다행히 하투실리는 무르실리를 죽이지 않고 먼 곳으로 유배시켰다.

조카에 대한 하투실리의 증오는 그가 왕좌에 오른 후에도 계속되었다. 그는 자신의 자서전 기록에 조카를 왕의 이름인 무르실리라 하지 않고 원래 이름인 우르히테슙이라고만 적었다. 조카인 그를 왕이라 부르고 싶지 않았기 때문이었다. 우르히테슙이 무르실리라는 것은 그가 사용한 인장의 발굴로 확인되었다. 어린 나이인 데다 후처의 아들로 왕이 된 무르실리는 자신이 정통 왕가의 후손이라는 것을 강조하기 위하여 인장에다 몇 대에 걸친 선조의 이름을 자신의 이름 앞에 새겨놓았다.

하투실리 3세 시대에 히타이트 제국은 비교적 평화와 풍요를 누렸다. 하투실리는 비합법적인 방법으로 왕이 되었지만 히타이트 역사상 위대한 대왕 중 한 사람으로 기록되었다. 하투실리는 무와탈리 왕 시대 때 북쪽의 하크미사의 왕으로서 하투샤의 오랜 숙적인 카쉬카의 위협을 진정시켰고 이집트와의 카데쉬 전투에 카쉬카를 동맹 세력으로 이끌어낸 사람이었다.

하투실리의 외교 성과는 과히 괄목할 만한 것이었다. 그의 외교 가운데 최대의 성과는 기원전 1259년에 이집트와 맺은 평화 조약이었다. 중근동의 최강대국 간에 맺은 조약으로 세계 최초의 평화 협정이었다. 이 조약은 어떤 면에서는 카데쉬 전투에서 히타이트가 승리하였음을 이집트가 간접적으로 승인하는 한편, 아시리아를 놓고 생긴 양 강대국 간의 긴장 관계가 종식되었다는 것을 의미하였다. 이 조약의 요체는 상호 불가침 조약이다. 이 조약은 두 나라의 국경 획정에 대해서는 언급하지 않았다.

히타이트와 이집트 간의 평화 관계는 평화 조약이 체결된 지 13년이 지난 기원전 1246년에 새로이 강화되었다. 히타이트는 이집트와 우호 관계를 확실하게 강화하기 위해서 외교적인 정략 결혼을 시도했다. 하투실리는 자신의 장녀를 람세스 2세와 결혼시켰다. 히타이트와 이집트 왕실 간의 정략 결혼으로 형제 관계를 강화하자 주변 소왕국들이 긴장하게 되었다. 두 강대국 간의 우호 관계는 협력 사업으로까지 진전을 보았다. 히타이트와 이집트 간 대표적인 협력 사업은 의술 분야였다. 이집트인들은 이 분야에서 상당히 앞서 있었으며, 제국에 창궐한 전염병을 경험한 히타이트는 이집트 사람으로부터 도움을 받아야 할 필요를 느꼈기 때문이었다. 하투실리는 이집트에게 의사를 보내줄 것을 요청하였다. 이 요청으로 히타이트는 이집트로부터 의사를 지원받았고, 많은 양의 약품도 받았다. 가뭄이 들어 흉작일 때 히타이트는 이집트로부터 곡물을 들여왔고, 대신 이집트에 은을 보냈다. 히타이트와 이집트 간의 우호 협력은 히타이트 제국이 멸망할 때까지 계속되었다.

하투실리가 무르실리와 갈등을 빚고 있는 동안 서부 아나톨리아 지역에 있는 하투샤의 속국들도 이분화되는 현상을 보였다. 세하 왕국이 하투실리를 지지하는 한편, 미라와 아히야와가 무르실리를 지지하였다. 무르실리가 하투실리에 의해 폐위되고 유배된 후, 서부 아나톨리아 땅은 하투샤의 지배에서 벗어나고 있었다. 히타이트는 주석의 이동로를 지키기 위하여 북서쪽을 방어하기 위하여 힘을 소모해 왔다. 한편, 아시리아는 날이 갈수록 세력이 강해지기 시작하면서 아나톨리아를 향해 올라오고 있었다. 아시리아의 살마나사르 1세(기원전 1263~1234년)가 이끄는 군대가 말라티야 근처까지 진군함으로써 세력은 절정에 달했다. 아시리아의 아나톨리아 원정으로 히타이트는 이수와의 동 광산에 대한 통제권을 상실하였다.

하투실리는 자신의 정치적 입지를 확보하기 위하여 신에 의지하곤 하였다. 정치적인 계산 속에 신의 뜻이라며, 북시리아로 가는 길목에 있던 키주와트나의 사제의 딸인 푸두헤파와 결혼하였고, 조카인 무르실리를 폐위하는 이유도 신에게 돌렸다. 그가 자신의 정치적 입지를 위해 신에게 의지한 것은 성공적이었으나, 이것은 얼마 안 가 다른 사람에게도 본보기가 되는 나쁜 사례가 되었다. 법에 따라 인권을 존중해오던 하투샤에는 원하면 무엇이든지 할 수 있다는 생각이 생기게 된 것이다. 이것이 후에 히타이트 제국의 번성을 중단시키고 쇠퇴의 길로 접어들게 한 원인이 되었다.

하투샤에서 벌어지는 사건들 속에는 푸두헤파라는 여인이 있었다. 그녀의 아버지는 키주와트나에 속한 라와잔티야의 이쉬타르의 사제였다. 하투실리가 카데쉬에서 돌아오는 길에 라와잔티야에 들러 잠을 자는데 이쉬타르가 꿈에 나타나 그에게 푸두헤파라는 여자와 결혼하라고 명했다고 한다. 푸두헤파는 국사에도 관여함으로써 하투실리의 집정에 실질적인 영향을 미쳤다. 이집트와 체결한 평화 조약문에는 "하투샤 나라의 여군주, 키주와트나 나라의 딸, 태양의 여신 아린나의 총애를 받는 이, 땅의 여주인, 여신의 시종 푸두헤파의 인장" 이라고 기록된 그녀의 인장이 하투실리 대왕의 인장과 함께 찍혀 있다는 사실은 이를 단적으로 증명하고 있다.

하투실리 3세는 자서전을 남겼다. 그가 남긴 자서전은 히타이트 시대 기록문의 최대 작품으로 꼽힌다. 자서전의 주제는 자신이 왕이 되어야 하는 이유와 선왕을 폐위시킨 당위성이다. 그의 자서전은 개인의 생각을 정리하여 객관성이 없으나, 당시 상황을 알 수 있는 유일한 기록이라는 점에서 평가를 받고 있다.

제국의 쇠퇴와 멸망

하투실리 3세의 아들인 투탈리야 4세(기원전 약 1240~1215년)가 그의 뒤를 이었다. 투탈리야 시대에 제국은 비교적 평온을 유지하였지만, 서쪽의 아르자와와 동쪽의 아시리아와 계속 전투를 가졌다. 이수와에 있는 동 광산 채굴권을 아시리아에 뺏긴 것은 히타이트에게 큰 타격이었다. 투탈리야는 아시리아로부터 거리가 멀리 떨어져 있어 아시리아의 공격을 받을 위험이 적은 알라시야(키프로스)에 출정하고 이 섬을 정복하였다. 알라시야에는 동 광산이 있기 때문이었다. 투탈리야는 알라시야를 정복하고 알라시야 왕에게 금과 동을 세금으로 내도록 하였다. 그리고 조약의 약속 사항을 잘 이행하는지 여부를 감시하기 위해 알라시야에 태수를 임명하였다. 그때부터 알라시야 섬은 히타이트가 패망할 때까지 히타이트의 지배 아래 있게 되었다.

아시리아의 투쿨티-니누르타(기원전 1233~1197년)가 왕으로 즉위하자, 투탈리야는 아무르의 사우쉬카-무와와 "당신 나라의 상인이 아시리아로 들어가서는 안 되며, 아시리아의 상인이 당신 나라에 들어오게 해서도 안 된다"는 조약을 체결하였다. 아시리아인들이 지중해로 진출하는 것을 막기 위해 아무르 왕에게 아시리아 상인들의 통행을 금지시키도록 명령하였던 것이다. 소위 무역 봉쇄 조약이다. 투탈리야의 아시리아에 대한 무역 봉쇄 조치는 아시리아가 히타이트 제국의 땅인 아나톨리아 남동부 지역을 차지하려는 욕심을 막고, 알라시야로부터 동을 안전하게 들여오기 위하여 취해진 것이었다.

드디어 아나톨리아 남동부 지역에서 위험한 상황이 벌어지고 있었다. 아시리아의 왕 투쿨티-니누르타는 북쪽에 있는 후리인의 땅, 미탄니를 향해 진군하여 수십 개의 작은 나라들을 상대로 싸움을 하고 있었다. 투탈리야는 아시리아의 투쿨티-니누르타 왕에게 왕의 즉위를 축하하는 편지를 보내고 아시리아와 긴장 관계가 되지 않기를 바랐지만, 투탈리야가 아시리아 왕이 전쟁을 하고 있는 니히리야(현재의 디야르바크르)에 군대를 보냄으로써, 히타이트와 아시리아 간의 전쟁은 불가피하게 되어버렸다. 그런데 히타이트가 먼저 싸움을 걸어 시작된 이 전쟁에서 투탈리야가 이끄는 히타이트 군대는 대패하고 말았다. 투탈리야 왕은 전쟁에 패배한 이유를 그의 조카인 이수와 왕에게 돌렸다. 그는 이수와 왕에게 히타이트 군대가 도움이 가장 필요한 시점에서 이수와가 도와주지 않았다고 비난하였다. 결국 이 참패는 히타이트 왕의 존재와 권위에 크게 손상을 입혔다. 이 일이 있고 난 후, 우가리트 왕국은 히타이트에 세금을 내지도 않고, 아시리아 왕과 서신 교환을 할 정도로 가까워졌다.

그리고 하투샤 내부에서는 타르훈타쉬샤의 쿠룬타 왕이 문제가 되었다. 타르훈타쉬샤는 무와탈리가 이집트와의 대전을 위해 수도를 하투샤에서 그곳으로 옮긴 곳이고, 쿠룬타는 하투실리의 양자인 동시에 우르히테슙의 친동생이다. 쿠룬타도 왕위에 오를 수 있는 자격이 있었기 때문에 하투실리가 쿠룬타에게 타르훈타쉬샤의 왕좌를 주었다. 투탈리야 4세는 타르훈타쉬샤의 쿠룬타 왕과 이전의 조약을 갱신하고, 하투샤를 장악하려는 쿠룬타의 욕심을 잠재우기 위해 쿠룬타에게 더 많은 권한을 부여하였다. 결국 타르훈타쉬샤의 영토가 넓어지고 쿠룬타의 지위도 카르카므쉬 왕과 동등하게 되었다. 이로써 제국 말기에 타르훈타쉬샤와 카르카므쉬 왕은 하투샤의 대왕과 같은 지위를 갖게 되었다. 또한 쿠룬타에게는 타르훈타쉬야의 왕위를 승계할 후계자도 자신이 내세울 수 있는 권한까지 주어졌다.

아나톨리아 북서쪽의 상황도 심상치 않게 전개되었다. 아히야와의 지원을 받아 세하 왕국에서 반란이 일어났지만, 투탈리야가 이를 잘 진압하였다. 반란이 일어나면 진압되었지만, 이 지역에 대한 히타이트의 지배력이 점점 약해지기 시작한 것은 분명한 사실이었다.

투탈리야 4세의 아들인 아르누완다 3세(기원전 약 1215년~?)가 투탈리야를 이어 왕이 되었다. 서부 아나톨리아의 정치 세력은 이 시기에 히타이트 제국에 본격적인 반기를 들기 시작하였다. 히타이트의 속국이지만 영향력이 거의 미치지 않는, 서부 아나톨리아 지파슬라의 마두와타는 세력권을 점차 넓혀가면서 아나톨리아의 남서쪽까지 장악하기에 이르렀다. 마두와타는 서쪽의 아르자와에 속한 속국들도 차지하였다. 마두와타는 알라시야까지 공격할 정도로 힘을 가지게 되었다. 하투샤의 히타이트는 사카리야의 서쪽에서부터 시작하여 콘야를 지나 지중해의 안탈야에 이르는 지역을 적국으로 둘러쌓이는 형국이 되었다. 결국 아나톨리아의 서부 소왕국들이 거의 다 합세한 연합 세력이 400여 년에 걸친 히타이트 지배력에 반란을 일으켰다. 이들 세력은 아르누완다 왕 시기에 더욱 거세졌다.

서부의 아히야와 왕국이 점점 세력을 늘려 잠시지만 중근동의 강대국 같은 위치까지 올라왔다. 이 지역의 아르자와 왕국도 형세의 흐름을 타고 있었다. 서부의 일부 왕국과 에게해의 미케네 왕국은 아히야와와의 연합 관계를 모색하고 있었다. 히타이트 제국의 종말이 한발 한발 다가오고 있었다.

아르누완다에 이어 히타이트 제국의 마지막 왕이 된 수필룰리우마 2세 시대에 상황은 더욱 악화되었다. 가뭄으로 흉작이 되어 식량난이 심각하여 이집트로부터

밀을 수입하여야만 했다. 아나톨리아 동쪽에서는 아시리아가, 북쪽에서는 또 카쉬카족이 히타이트를 가만히 두지 않았다. 북서쪽은 이상하게 침묵이 유지되었다.

이때 히타이트의 불안한 상황은 잠시 호전되는 듯했다. 시리아 지역에 있던 속국들을 다시 히타이트 편으로 가져오고, 반란군들을 사주하여 알라시야와의 해상 전투에서 적함을 침몰시키고, 이수와의 동 광산 통제권을 다시 아시리아로부터 빼앗아왔기 때문이다. 그런데 이 같은 수필룰리우마의 성취는 아무 소용이 없었다.

히타이트의 마지막 침략자가 히타이트를 영원히 잠재웠기 때문이었다. 마지막 침략자는 아시리아가 아니었다. 북방에서 내려온 해상 민족이었다. 이들 민족이 왜 아나톨리아로 왔는지, 그들이 누구인지 지금까지 아무도 모른다. 북방의 침략자들은 에게해 연안을 지나 지중해 연안으로 가면서 모든 곳을 초토화시켰다. 급작스런 북방 침략자들의 행진은 이집트 앞에서 저지되었다. 하투샤도, 북부 시리아도 초토화되었다. 히타이트의 수도 하투샤는 완전히 불타 재가 되었다. 결국 히타이트 제국은 역사의 깊은 침묵 속에 파묻혔다. 인류사의 한 시대가 마감되었다. 히타이트 시대가 마감되면서 아나톨리아의 청동기 시대가 마감되었다.

인물로 읽는 히타이트 역사 요약

히타이트인들은 아나톨리아 북쪽 흑해 지역으로부터 또는 북동쪽, 코카서스 지역에서 아나톨리아로 들어왔거나 이스탄불 해협 쪽에서 들어온 것으로 추정하고 있다. 아나톨리아에 민족 이동이 계속되고 있을 때, 아나톨리아 중부 지역에 자리한 히타이트는 세력권을 넓혀가며 히타이트 공국을 형성하였다.

아시리아 상업 식민지 후기 시대(기원전 약 1800~1750년)에 쿠사라 왕국의 피타나 왕과 그의 아들 아니타가 역사의 무대에 등장하였다. 쿠사라 왕국은 네샤(카니쉬라고도 함, 현재의 퀼테페)를 수도로 하여 왕국을 세웠다. 기원전 1750년경 아니타 왕은 하투쉬(하투샤)를 정복하고 이 도시를 폐허로 만들었다.

그러나 기원전 16세기 후반에 히타이트의 하투실리 1세(기원전 약 1565~1540년)는 하투샤를 수도로 정하고 히타이트 왕국을 탄생시켰다. 히타이트 왕국의 창건자인 하투실리는 크즐으르막 강 연안의 소국들을 동맹 세력인 공국으로 만들고, 북부 시리아, 유프라테스 강 상류에 있는 후리 왕국에까지 진군하여 세력을 과시하였다. 하투실리 1세를 이은 무르실리 1세(기원전 약 1540~1530년)의 승전도 계속되었다. 그는 메소포타미아의 상업로를 장악하고 할렙(현재 시리아의 알레포)을 장악한데 이어, 바빌론까지 진군하여 함무라비 왕조를 패망시켰다.

무르실리 1세가 왕좌를 노린 한틸리에게 살해된 것은 앞으로 계속될 히타이트 왕조 내 유혈극의 시작이었다. 한틸리가 무르실리를 살해하고 왕이 되었지만, 그도 살해되었다. 한틸리를 이은 지단타와 후지야 왕도 왕권 다툼으로 살해되는 같은 운명을 걸었다. 텔리피누(기원전 약 1500년경)가 왕위에 오르면서, 그는 먼저 선왕들이 했던 원정을 중단하고, 히타이트 왕국의 기반을 다지기 위해 노력하였다. 이를 위해 그는 칙령을 공포하여 왕위 승계의 순서를 법으로 정함으로써 왕좌를 놓고 벌이는 혈족 간 유혈극을 종식시키는 데 성공하였다.

투탈리야 1세(기원전 약 1420~1400년)와 아르누완다 1세(기원전 약 1400~1375년)는 히타이트의 세력권을 서부 아나톨리아로 확장하려고 하는 한편, 선왕들의 전통적인 정복 목표지인 북부 시리아를 장악하려고 하였다. 투탈리야 1세는 히타이트의 수도 북쪽에 있는 숙적 카쉬카족과 대항하여 싸웠고, 키주와트나와 동맹관계를 재확인하고, 할렙과 미탄니 왕국에 출정하여 히타이트의 세력권을 시리아 변경까지 확장하였다. 투탈리야 1세는 하투실리 1세, 무르실리 1세, 수필룰리우마 1세와 함께 시리아 지역까지 히타이트의 세력을 확장시킨 제왕으로 손꼽히며, 히타이트 제국 시대를 개막한 왕으로 기록된다. 아르누완다 1세(기원전 1400~1375년) 때는 서부 아나톨리아의 소국들이 하투샤를 계속 침략하였고 북쪽에서는 카쉬카족의 침입과 약탈이 계속되었다. 투탈리야 2세(기원전 약 1375~1355년) 때 하투샤의 북쪽에 있는 카쉬카족이 최대의 위협 세력으로 대두되었지만, 그는 남쪽의 아르자와, 남동쪽의 할렙 왕국에 대한 히타이트의 영향력을 유지하는 데 힘을 썼다.

수필룰리우마 1세(기원전 약 1355~1320년)는 아나톨리아에 그치던 히타이트의 세력권을 시리아 및 북부 메소포타미아까지 확장함으로써 히타이트 왕국을 제국으로 바꾸어놓았다. 그는 이집트의 왕 투탕카멘(기원전 1332~1322년)이 죽자 내분이 있는 틈을 이용하여, 터키-시리아 국경의 카르카므쉬 지역을 넘어 미탄니 왕국에 출정하고 시리아 남부에 있는 아무르 왕국을 히타이트 편에 끌어들였다. 수필룰리우마 1세는 히타이트 역사상 가장 탁월한 군사, 정치적 재능을 겸비한 제왕으로 기록되며, 그의 시대에 히타이트는 이집트, 바빌론과 함께 중근동 3대 세력으로 등장하게 되었다. 시리아 지역 원정 후 전염병으로 병사한 수필룰리우마 1세를 이어, 그의 아들인 아르누완다 2세(기원전 약 1320~1318년)가 왕위에 올랐으나 그도 역시 팔레스타인 지역에서 데려온 포로들로부터 번진 전염병으로 병사하여 왕좌에는 오래 있지 못하고, 수필룰리우마의 아들인 무르실리 2세(기원전 약 1318~1290년)가 왕위에 올랐다.

무르실리 2세는 즉위하자 북쪽의 카쉬카족들과 대항하여 전쟁을 치르고, 그 결과 카쉬카족이 거주하고 있는 북쪽의 산악 지역을 히타이트의 속국 형태로 만드는 데 성공하였다. 또한 카르카므쉬 및 할렙 왕국에 자신의 혈족을 왕으로 추대함으로써 북부 시리아에 대한 히타이트의 지배력을 계속해나갔고, 히타이트와 이집트 간 중간 지역에 위치한 미탄니, 아무르 왕국과 조약을 체결함으로써 이집트에 대항한 세력을 규합해나갔다. 이때 아나톨리아의 서부와 남서쪽에 있는 소왕국들은 하투샤 왕실에서 짧은 기간에 왕이 교체되는 불안정한 상황을 기회삼아 하투샤와의 충성 서약을 파기하고 강국으로 부상하고 있는 아히야와 왕국(현재의 그리스)에 편입하였다. 무르실리는 북쪽의 카쉬카족과 서쪽에서 하투샤에 반기를 들고 나선 속국들과 싸웠으나, 하투샤에 번진 전염병의 창궐과 아시리아의 시리아 지역 진출에 맞서 고난의 시기를 맞게 되었다. 20년 동안 계속된 전염병을 없애달라고 신에게 간청한 그의 기도문은 히타이트 시대의 중요한 문학 작품으로 꼽는다.

무르실리 2세에 이어 그의 아들 무와탈리(기원전 약 1290~1272년)가 왕이 되었다. 히타이트는 이집트의 이웃 왕국인 아무르 왕국에 대한 세력권 때문에 이집트와 불편한 관계를 유지하고 있었다. 이런 상황에서 이집트가 시리아 지역을 장악하려는 시도를 보이자, 무와탈리는 이집트와 대전을 치르기 위해 수도를 하투샤에서 남쪽 타르훈타쉬샤로 옮기고 이집트와의 대전쟁을 준비하였다. 히타이트의 무와탈리 대군과 이집트의 람세스 2세 대군은 기원전 1275년에 시리아의 오론테스 강 근처 카데쉬에서 전쟁을 치렀다. 세계사적인 대전쟁에서 히타이트와 이집트 군대는 격전을 치렀으며, 전쟁 후 람세스 군대는 이집트로 철수하였지만 히타이트 군대는 시리아의 다마스커스까지 진격하여 약탈하였다. 히타이트와 이집트 간에 긴장을 초래했던 아무르 왕국은 다시 히타이트의 지배 아래 놓이게 되었다.

무와탈리가 이집트와의 전쟁을 치른 후 얼마 안 가 죽자, 그의 아들인 우르히테슈이 어린 나이에 무르실리 3세(기원전 약 1272~1265년)로 왕위에 올랐다. 무르실리 3세가 왕이 되면서 작은 아버지인 하투실리와 왕권을 둘러싼 긴장 관계가 계속되었고, 왕권 유지에 불안감을 느낀 무르실리 3세는 수도를 타르훈타쉬샤에서 다시 하투샤로 옮겼다. 그는 하투샤에서 작은 아버지 하투실리의 영향력을 없애는 데 주력하였지만, 작은 아버지와 조카 간의 세력 다툼은 결국 작은 아버지인 하투실리가 무르실리 3세를 무력으로 폐위시킴으로써 끝이 났다.

무르실리에 이어 정통성이 없는 방법으로 하투실리 3세(기원전 1265~1240년)가 왕이 되었지만, 그는 기원전 1259년에 이집트의 람세스 2세와 평화 조약을 맺는 탁월한 외교 능력을 보여주었다. 히타이트와 이집트 간에 맺어진 평화 조약은 세계 최초의 평화 조약이 되었으며, 히타이트는 중근동의 막강 대국으로 자리잡게 되었다. 재위 기간 중 그는 신을 모시는 제의 행사에 전념하였다. 하투실리 3세 시대에는 왕비인 푸두헤파가 제의 행사는 물론 국정에도 깊이 관여하였다. 하투실리 3세는 무와탈리의 아들인 쿠룬타를 타르훈타쉬샤의 왕으로 보내고 하투샤에 대항하는 서부 아나톨리아의 상황을 통제하도록 하였다.

하투실리 3세를 이은 그의 아들 투탈리야 4세(기원전 1240~1215년)는 타르훈타쉬샤의 쿠룬타 왕의 영토를 넓혀주고 그의 지위를 카르카무쉬 왕과 동등하게 하여 아나톨리아의 남부 지역을 통제하는 데 노력하였지만, 서부 아나톨리아에 있는 속국들의 계속되는 반란에 직면하게 되었다. 투탈리야 4세는 투쿨티-니누르타 치세하의 아시리아가 하투샤에 도전하였으나 이를 잘 막아내었고, 이집트의 이웃 나라인 아무르 왕에게도 아시리아인과 상업 활동을 하지 못하도록 무역 봉쇄 조치 명령을 내릴 만큼 영향력을 보였으나, 서부 아나톨리아에서 거세게 일어나고 있는 새로운 도전에는 역부족이었다. 결국 속국의 도전으로 제국의 종말을 재촉당하게 되었다. 하투샤 근처의 야즐르카야에는 히타이트 예술의 극치로 기록된 투탈리야 4세 시대 때의 암석 부조물이 많이 남아 있다.

투탈리야 4세를 이어 그의 아들 아르누완다 3세(기원전 약 1215년~?) 시대에 서부 아나톨리아에 있는 속국들의 반란은 더욱 거세지게 되었다. 심지어는 서부 아나톨리아에서 약소한 속국인 지파슬라의 마두와타도 하투샤와의 충성 서약을 파기하고 서서히 세력권을 키워나가더니, 드디어 남동쪽의 아르자와는 물론 알라시아(현재의 키프로스)까지 공격할 정도로 커졌고, 히타이트에 반기를 들고 나선 서부의 속국들은 연합 세력을 형성하며 하투샤에 대항하였다.

히타이트 제국의 마지막 왕이 된 수필룰리우마 2세(기원전 ?~1190년)는 카르카무쉬, 우가리트, 아무르 등에 대한 영향력을 계속 행사하고는 있었으나, 아나톨리아 서부 속국들의 반란과 가뭄으로 인한 심각한 식량난으로 어려움을 겪게 되었다. 히타이트의 수도 하투샤는 갑작스럽게 육상과 해상으로 쳐들어온 북방 민족(또는 해상 민족이라고도 불림) 침략자들에 의해 기원전 1190년에 불에 타 재가 됨으로써, 히타이트 제국은 멸망하게 되었다. 중근동의 강대국 이집트와 평화 조약을 체결하여 제국의 평화와 안정을 찾은 듯하였으나, 이러한 평화와 안정은 70년도 채 이어지지 않았다.

3부

히타이트 자세히 들여다보기

행정 조직

히타이트 초기는 도시 국가 형태였다. 이때 도시 국가란 신전(神殿)을 중심으로 성벽을 쌓고, 그 안에 사람들이 모여 취락을 이룬 독립된 정치 세력이었다. 국가의 영토가 확장되면서 히타이트의 중앙 세력과 속국의 지배자 간에 동맹 관계를 맺는 연합체가 구성되었지만 본질적인 중앙의 권력 구조는 크게 변하지 않았다.

히타이트는 영주의 관할 아래 비자유인인 농민들이 영주에게 지대(地代) 형식으로 부역을 제공하는, 중세 유럽의 봉건 제도와 같은 체제를 가진 국가였다. 아나톨리아에는 씨족, 부족 사회의 성격을 갖는 소왕국들이 산재해 있었다. 히타이트 왕은 소왕국들을 정복하여 속국으로 만들고, 속국은 왕의 측근들이 통치하도록 하였다. 계급 구조상 히타이트 왕은 속국의 왕들 위에 군림하였으므로, 히타이트의 왕은 '대왕'이라고 불렸고, 속국의 지배자는 '왕'으로 불렸다. 속국의 왕들은 히타이트 왕에게 세금을 내야 했고, 출정 시에는 병사와 전차를 지원해주어야 했다. 히타이트의 행정의 중심은 수도 하투샤에 있는 왕실이었다. 왕실에는 국가 서열이 있었다. 국가 서열의 최상위에는 대왕이 있었고, 다음은 대왕비였다. 말하자면 왕과 왕비가 국가 서열 1, 2위이다. 그 다음 3위는 왕위를 승계할 왕자이다. 히타이트는 왕과 그 가족을 중심으로 한 정치 세력이었다.

국가의 수장(首長)은 왕이다. 왕은 대왕이라는 뜻의 '타바르나'라는 칭호를 사용하였는데, 소왕국을 거느리고 있는 히타이트 왕의 존엄성을 강조하기 위한 것이었다. 왕의 상징은 양쪽에 날개가 달린 태양이다. 오늘날 표현으로 하면 왕이나 대통령의 휘장이다. 왕은 초자연적인 힘을 가지고 있다고 믿었지만, 초능력을 가진 신의 경지를 절대로 넘지는 않았다. 히타이트 국가가 곧 왕이고 왕이 곧 국가였지만, 왕과 신은 절대로 동급이 아니었다. 히타이트 왕들은 죽은 후에 신이 된다고 믿었으며, 히타이트 왕은 살아 있을 때 신을 대신하여 지상의 대표였다. 그러나 죽어서 신이 된 왕이라도 그들이 믿는 신앙 속의 신과는 대등하다고 믿지는 않았다.

히타이트 왕의 임무와 책임 중의 하나는 모든 사제들의 대표, 즉 사제장이었다. 왕의 중요한 책무는 하투샤의 풍우신과 태양의 여신을 모시는 일이었다. 사제장으로서 왕은 종교 축제나 기도일이 오면 이 행사를 주관하는 대표자가 된다. 신들에게 제물을 바치는 책임이 왕에게 있었다. 하투샤와 그 속국을 보호하며, 영토를 확장하고 번영한 나라를 유지하는 것도 왕의 임무였다. 풍우신과 태양의 여신을 모시는 일만 제외하면 오늘날 민주 국가의 통치자의 임무와 크게 다를 것이 없다. 그외, 왕은 군대를 지휘하는 총사령관이자 대법관이다. 왕은 총지휘관의 자격으로 출정을 주도하고 지휘한다. 왕은 최고 심판자의 자격으로 심판관들이 해결하지 못한 중요하고 어려운 사건을 심판한다. 왕은 충성 서약을 이행하지 않는 속국의 왕, 귀족 간의 재판, 속국 간 분쟁, 사형 문제 등에 관해 심판할 수 있었다.

히타이트 왕은 세습되었으며, 왕은 살아 있을 때 자신의 후계자를 지정하였다. 히타이트는 왕위 계승의 순서를 정하였다. 왕이 정부인과의 사이에서 낳은 왕자가 왕위 승계 1순위였고, 이들 사이에 아들이 없을 경우 후궁에게서 태어난 아들이 2순위였으며, 왕에게 아들이 없을 경우 서열 1위인 딸의 남편, 즉 사위가 3순위였다. 왕위 승계 원칙에도 불구하고, 히타이트 전 기간에 걸쳐 이 원칙은 철저히 지켜지지 않았다. 히타이트 법에 따라 왕은 장자에게 승계되었고, 다른 왕자들은 히타이트 속국의 왕으로 임명되었다. 왕가의 공주들은 정략적인 결혼 정책에 따라, 다른 나라의 왕가와 결혼함으로써 나라 간의 협력과 우호 관계를 강화시키는 역할을 하였다.

히타이트 왕실에서 왕 다음으로 권력이 있는 사람은 왕비였다. 왕비는 최고의 칭호로서 '타와난나'라고 불렸다. 왕비는 왕이 살아 있을 때는 물론, 왕이 죽은 후에도 타와난나 칭호를 가질 수 있었다. 히타이트 왕비는 고대 동양의 왕국과는 달리 국사에 적극 관여하였다. 왕비는 왕의 공식적인 알현 행사나 종교적 제의 행사에 왕과 함께 참석하였고, 국가의 공식 문서나 조약문에도 왕과 함께 인장을 눌러 서명하였다. 이집트와 맺은 평화 조약문에 왕비인 푸두헤파의 인장이 새겨진 것이 그 예이다.

히타이트에는 의회 기관으로 '판구'라는 귀족 의회가 있었다. 판구의 성격과 구성에 대한 정확한 자료는 없지만, 점토판 자료를 통해 판구의 임무와 책임에 대해 부분적으로 이해할 수 있다. 판구는 왕이나 왕비, 원로들을 감시하고 왕의 가족들 간 분쟁에 대해 심판하는 권한이 있으며, 왕위 승계자를 승인하거나 거부할 수 있는 권한을 가졌다. 왕가의 일원에게 사형 결정이 내려지면 이를 판구가 최종 심의하였다. 귀족 의회인 판구와 왕의 관계는 상황에 따라 달랐다. 왕이 확실하고 강력한 힘을 보유하고 있으면 판구에게 자문을 구하지 않았다. 왕이 즉위하여 국사를 자력으로 다룰 수 있을 때까지 왕은 판구에 의지하여야 했다. 판구의 위원들은 왕자들, 카르카므쉬, 할파, 타르훈타쉬샤와 같은 중요한 소왕국의 왕과 속국들의 왕들로서 상류 귀족 계층이었다. 이들은 행정과 군사 업무를 함께 보는 왕가의 측근들이었다.

히타이트는 원로 계층이 있었다. 원로의 장은 근위대 대장이었다. 원로에 포함

될 수 있는 사람은 근위대 대장 외에, 포도주 제조대 대장, 마차대 대장, 전차 기병대 대장, 헌주대 대장, 왕실 시종 대장, 점토판 기록관 대장, 나무판 기록관 대장, 목동 대장, 부대 감독 대장 등이었다. 왕의 입장에서 보면, 왕에게 다 중요한 사람들이었다. 왕을 모시는 근위대가 그렇고, 왕의 가장 중요한 임무인 제사장 임무를 수행하기 위해서는 헌주대 대장이 중요하였고, 왕의 업적과 역사를 기록한 왕실 사료 기록관도 중요하였다.

종교

히타이트는 제정일치(祭政一致)의 나라였다. 신을 숭배하고 제사 지내는 일이 곧 정치였다. 왕은 나라의 대표이면서 제사장(祭司長)이었다. 히타이트인들은 신들을 성스럽게 모셨으며 신들과 하나라는 의식을 갖고 있었다. 신으로부터 나라와 왕조를 보호받을 수 있다고 믿었다. 농사나 목축이 잘되고 전쟁에서 승리할 수 있는 것은 다 신의 은총 때문이라고 믿었다. 그렇기 때문에 히타이트인들에게는 제의를 바르게 행하는 것이 나라의 안정과 번영을 가져오는 유일한 길이었다. 그들은 제의 절차를 상세하게 기록으로 남겼다. 히타이트인들의 제의 절차 기록은 요즘 표현을 빌리면 의전서이면서 시행령 같은 것이다. 신에게 바치는 제사 절차가 어떻게 진행되는지를 마치 연극의 대본 형식으로 상세하게 기록하였다.

히타이트인들에게는 제의일이나 종교 축제일이 있었다. 어떤 행사는 일년 중 정해진 날이 있는 것도 있었고, 어떤 것은 6년이나 9년 만에 한번 돌아오는 것도 있었다. 그들의 제의 행사 중에는 왕과 왕비가 하투샤에서 치르는 '안타숨'과 '눈타리야샤'가 있었다. 하투샤에는 히타이트 속국에서 가져온 신상들이 있었기 때문에 수도에서 치르는 이 행사를 통해 히타이트 왕의 권한과 세력이 미치는 모든 속국들의 안정과 번영도 신들에게 기원한다는 의미가 있었다.

안타숨 축제는 크로커스 꽃 이름에서 유래한다. 이 축제는 봄에 열리는데 38일이나 계속되었다. 수필룰리우마 1세(기원전 약 1355~1320년) 때 시작되었으나,

그 기원은 기원전 15세기까지 거슬러 올라간다. 눈타리야샤 축제도 안타숨 축제와 비슷하게 치러졌다. 이들 축제 때는 왕과 왕비가 수도 하투샤를 떠나 지방, 즉 속국의 영토를 순회하며 행사를 주관하였다. 히타이트 왕들은 지방을 순회하며 제의나 종교 축제를 주관하였으나, 제국의 말기에는 지방의 신들을 한군데로 모아놓은 하투샤에서 종교 행사를 가졌다. 신년에 하는 봄 축제인 푸둘리야 축제 때는 신의 권능을 과시하기 위하여 하늘의 신이 일루얀카라는 용과 싸워 이긴 전설이 낭송된다. 푸둘리야는 땅이나 대지라는 뜻으로 거의 한달 내내 계속되었다. 기우제로 출발한 키람이라는 축제는 3일 간 계속되었다.

왕이 제의를 치르기 위한 신전은 다양한 기능을 가진 곳이었다. 히타이트 시대에는 세속적인 장소와 성스러운 장소의 구분이 명확하지가 않았다. 제사장인 왕은 신전에서 필요한 물건을 조달해야 하는 책임이 있었다. 하투샤에서 현재까지 발굴된 신전은 31개로 발굴 결과에 따라 이 수는 더 늘어날 것으로 보인다. 신전 내에는 왕과 왕비, 또는 제사 관리관들이 들어갈 수 있는 성전이 있었다. 종교 축제는 보통 성전에서 하지 않고 중정이나 신전의 큰 문이나 창문 주변에서 행하였는데, 중정, 문, 창문 주변에는 사람이 많이 모일 수 있기 때문이었다. 종교 행사에는 왕비와 왕자 외에도 술잔을 따라 바치는 사람, 악기를 켜는 사람, 노래하는 사람, 춤추는 사람, 음식 만드는 사람, 고관들이 참석하였다. 조연으로 참석한 이 사람들은 신을 즐겁게 하는 데 필요한 사람들이었다. 제의 행사 때 바치는 제물은 동물이나 빵, 과일, 야채, 꿀, 포도주, 맥주 등이었다. 신들에게 동물을 제물로 바치고 먹고 마실 것을 드리는 것은 제의 행사의 기본이었다. 종교 축제는 평소보다 규모를 크게 하고 많은 사람들이 참석한 가운데 치렀다. 종교 축제는 무사 평안과 풍요를 빌며 회개(悔改)하는 동시에 신들을 즐겁게 하기 위한 유흥의 장이었다.

→ 가로 19.5㎝, 세로 26.5㎝의 사각형으로 된 점토판으로 라바잔티야 도시의 헤파트 여신과 테슙신을 위한 종교 축제를 설명하고 있다.

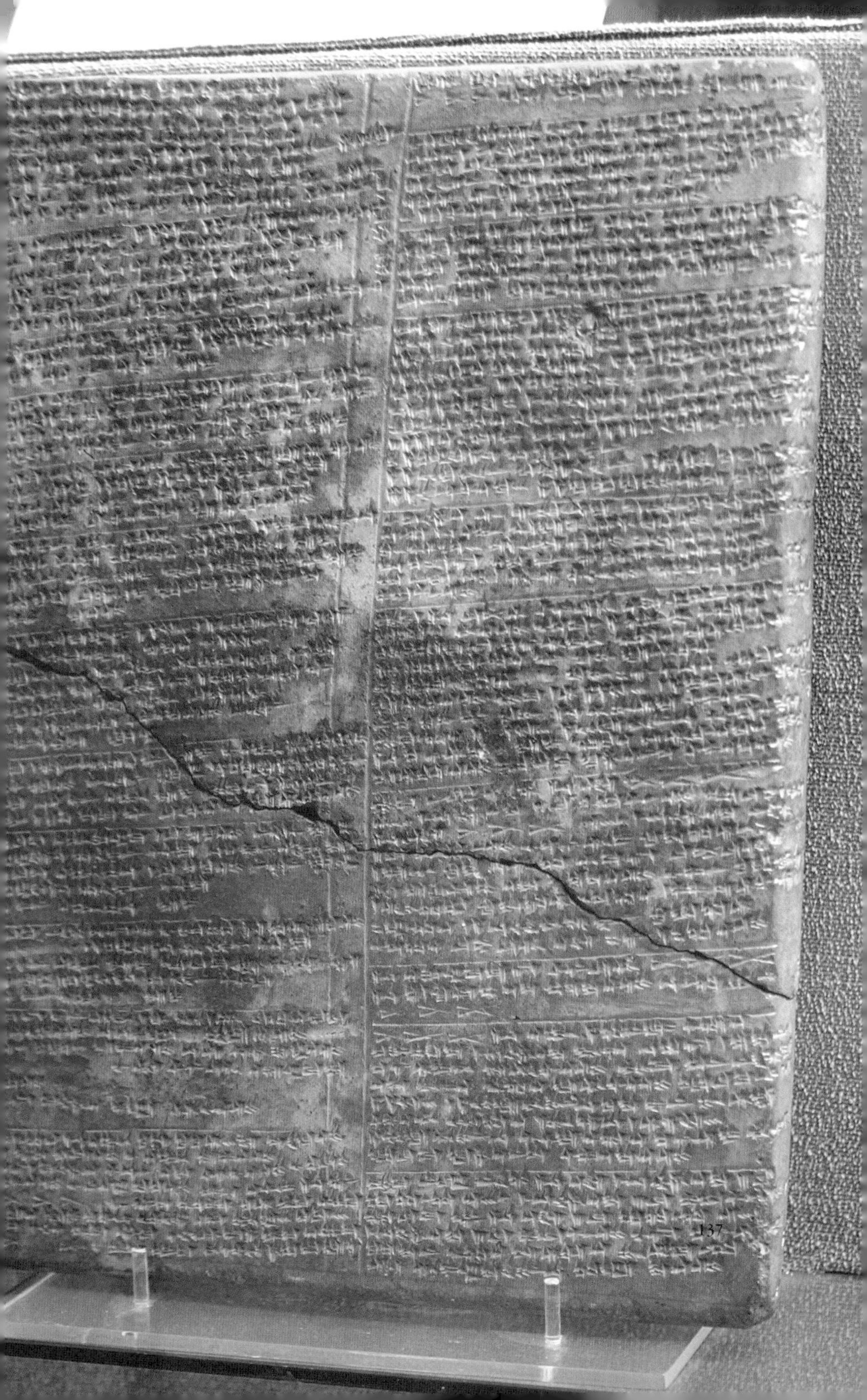

히타이트의 종교도 다양한 종족이 가진 요소를 가지고 있다. 히타이트인들은 자신들의 문화와 종교를 다른 종족들에게 강요하지 않았으며, 자신들에게 필요한 요소들을 모두 수용하였다. 그들은 속국의 신들도 모두 자기들의 신이라고 생각하였다. 심지어 수메르, 아카드인의 신들도 마찬가지로 생각하였다. 이렇게 하여 종교적인 사고도 다양해지게 되었다. 초기에는 히타이트인들이 믿는 신의 수는 적었으나, 제국 시대에 급격히 증가하여 신의 근원이나 종류도 다양해지게 되었다. 히타이트인들이 믿는 신이 수적으로도 많아졌을 뿐만 아니라, 신의 족보를 다 열거할 수 없을 만큼 유형상으로도 다양하여, 그들은 '천의 신을 가진 사람들'이라고도 불려지게 되었다. 태양, 달, 산, 지하의 남자 신과 여자 신들은 기본이고 심지어 각종 병의 신들도 있었다. 신의 동상들은 다 자기 자리가 있었으며, 어떤 때는 신들의 신성한 동물이나 특정 물건이 신을 상징하기도 하였다. 히타이트인들이 남긴 점토판에는 무수한 신의 이름이 기록되어 있다.

히타이트의 고대 수도 하투샤 근처의 야즐르카야에 있는 석조 부조물에 남겨진 신들의 모습에서도 히타이트는 신정(神政) 국가였음을 알 수 있다. 야즐르카야는 암석에 신을 새긴 자연적인 환경의 신전이다. 신들의 가장 우두머리는 후리 나라에 근원을 둔 풍우신 테숩이다. 풍우신 테숩의 처는 아린나의 태양의 여신인 헤파트이고, 이들 사이에서 난 아들은 샤루마로서 신전에서 제일 앞자리에 모셔진다. 풍우신이 왜 히타이트인들에게 신들의 대부로 받아들여졌을까? 아나톨리아 중앙 고원 및 북쪽은 메소포타미아의 건조한 지역과는 달리 때로 구름도 많이 일고 바람과 비가 있는 지역이다. 풍우신은 폭풍신이라고도 번역된다. 폭풍은 풍요의 비를 가져오는 창조력의 상징이다. 벼락은 신이 내는 소리이며, 번개는 다산과 광명을 가져오는 것으로 풍요의 비를 몰고오는 풍우신이야말로 생명의 근원이다. 풍우신의 원래 고향은 토로스 산맥과 북시리아 평원이다. 이 곳은 바로 후리인들이 살던 지역이었다. 알라자회윅에는 풍우신의 상징인 황소 앞에 왕이 서 있는 부조물이 남아 있다.

히타이트인들은 신을 사람과 같이 생각하였다. 그들은 신들도 인간처럼 열정도 있고 단점이나 약점도 다 가지고 있다고 보았다. 하지만 신은 영원히 죽지 않는다고 믿었다. 그들은 인간은 죄를 짓고 태어난다고 믿었다. 성악설을 믿는 셈이다. 신은 바로 죄를 짓는 인간을 벌하는 존재이다. 신은 죄를 지은 사람만을 벌하는 것이 아니라, 후손까지 포함하여 전 가족을 다 벌한다고 믿었다. 아이가 죄를 짓고 태어난다는 것은 이미 수메르인들이 믿고 있었던 생각이었다. 히타이트인들에게는 죽은 후에 사자(死者)가 가는 천당이나 지옥은 없었다. 모든 사람은 그가 지은 죄의 벌을 살아 있을 때 받는다고 믿었다. 사람들은 그들이 지은 죄의 벌을 신이 내린 병이나 자연의 재앙으로 받는다는 것이다. 히타이트인들은 죽은 자를 위해 묘비는 쓰지 않았다. 사람이 죽으면 죽은 자를 화장하여 그 재를 불에 구운 토기에 넣어 매장하거나, 죽은 자를 관에 직접 넣어 매장하였다. 장례 행사도 사후 세계에 대해 각기 다른 믿음을 가진 사람들이 참석하여 치러졌다.

히타이트인들은 신을 즐겁게 하기 위하여 축제를 가졌다. 신들을 화나게 만들지 않고, 벌을 내리지 못하도록 노래하고 춤추며 즐거운 분위기를 만들어나가려고 하였다. 그들은 신이 바로 옆에 있다고 생각하였다. 따라서 어떤 불행한 일이 닥치면, 신이 자기로부터 멀어졌기 때문이라고 믿었다. 멀어져간 신을 모셔오기 위하여 집 앞의 길에 좋은 냄새가 나는 약초를 태우며 신이 되돌아오기를 기도했다. 왕은 자신이 제의 행사를 얼마나 충실히 이행했는지를 신에게 보고하고, 신전과 신들을 위해 올린 제물들을 하나씩 나열해가며 보고한다. 그리고는 앞으로도 우리의

하늘의 신을 상징하는 황소 앞에 경배하는 왕과 왕비. 알라자회웍에 있는 스핑크스의 문에 연결된 벽 하단에 있는 석조 부조물이다.

간구를 들어달라면서 다음 번 제의 행사 때 올릴 제물을 미리 보고한다. 나라의 행정과 군사 그 다음으로 중요한 종교적 행사가 어떻게 치러지는지는 그들이 남긴 점토판에 상세히 기록되어 있다. 그들이 남긴 제의 순서를 구성해보면 아래와 같다.

"왕과 왕비는 제의 의복을 입고 신전 중정에 입장한다. 중정에 있는 악기 켜는 사람, 노래하는 사람, 춤추는 사람, 고관들이 왕과 왕비를 정중하게 맞이한다. 광대가 말하고 제례관이 소리친다. 왕과 왕비가 옥좌에 앉는다. 왕실 시종이 창과 왕홀을 가져온다. 왕홀을 왕의 오른쪽에 놓는다. 두 명의 시종이 왕과 왕비에게 금으로 만든 그릇에 물을 담아 가져온다. 왕과 왕비는 손을 닦는다. 왕실 시종 대장이 수건을 왕과 왕비에게 건넨다. 두 명의 시종이 왕과 왕비에게 무릎에 놓을 수건을 가져온다.

신전 관리관이 앞에 나선다. 주방 책임자들은 뒤에 선다. 신전 관리관이 앞에서서 왕자에게 자리를 가리킨다. 신전 관리관이 나간다. 주방 대장이 나간다. 신전 관리관이 다시 나간다. 사제와 고관들에게 자리를 가리킨다. 제례관이 안에 들어가 왕에게 아뢴다. 왕이 악기를 가져오라고 말한다. 제례관이 중정 밖으로 나간다. 신전 관리관에게 풍악을 울리라고 말한다. 신전 관리관이 문 밖으로 나가 노래하는 사람들에게 풍악을 울리라고 말한다. 노래하는 사람들은 악기를 들고 신전 관리관 앞을 걷는다. 노래하는 사람들이 자리를 잡는다.

요리사는 물과 고기가 든 접시를 탁자에 놓는다. 접시가 사람들에게 나눠진다. 접시가 나눠진 후⋯ 회중들에게 마르누완(술)을 준다. 왕이 천을 꺼낸다. 만약 왕이 (손을 닦고) 그 천을 무릎을 굽힌 자세로 서 있는 시종에게 바로 던지면, 그것을 왕실 시종이 받고, 무릎을 굽힌 자세로 있는 왕실 경비대에게 바로 던진다면 왕실 경비대가 줍고, 주운 천은 다시 주방 책임자에게 전달된다. 왕이 눈으로 신호를 하면 청소하는 사람들이 그 자리를 청소한다.”

이것은 제의 순서의 일부이다. 히타이트인들은 제의 행사의 진행 순서를 상당히 자세히 기록해놓았다. 따라서 히타이트인들이 했던 행사를 머리 속으로 그려가며 상상해볼 수 있다.

점복(占卜)과 주술(呪術)

히타이트인들은 신들이 원하는 것이 무엇인지, 신들이 화가 난 이유가 무엇인지, 또 원정이나 왕위 즉위에 길(吉)한 날짜 등을 알아보기 위해 질문을 하고 답을 얻는 방법을 사용하였는데, 이것이 점(占)이다. 점을 보는 방법에는 염소 같은 동물의 간이나 내장의 상태를 보고 점을 치는 내장점(內藏占), 훈련된 새를 날게 하여 그 새가 나는 모습이나 날아가는 방향에 따라 점을 치는 새점, 달의 형태를 보고 점을 치는 월점(月占) 등이 있었다.

히타이트인들은 나라가 태평성대하기 위해서는 신의 분노를 사지 말아야 한다고 믿고 있었다. 점술가는 신이 분노한 이유를 알아내기 위해 점을 쳤으며, 그들의 점술 방법은 일정한 형태를 갖고 있었다. 점술가는 점괘를 얻어내기 위해 단계적으로 질문을 던져가며 진행하였다. 예를 들어 왕이 병든 이유가 신이 화가 난 때문인지를 점술가에게 물어보면, 점술가는 먼저 신이 화가 난 이유가 신전에서 일어난 일 때문인지를 동물의 간으로 점치고 여기서 나오는 결과에 따라 답을 얻을 때까지 동물의 간이나 새가 날아가는 모습 등을 보며 계속 점을 보게 된다. 히타이트인들의 점복(占卜)은 수메르나 바빌론에서 기원한 것이다.

기원전 3000년경 바빌론에는 양의 내장을 보며 점을 치는 것이 유행하였다. 그들은 동물의 간, 폐, 심장, 큰창자, 가슴뼈 등으로 내장점을 보았다. 히타이트인들은 바빌론의 점술을 상류 메소포타미아와 북부 시리아에서 세력을 펼치던 후리인들을 통해 받아들이게 되었다. 바빌론 사람들은 동물의 간 일부분을 건강이라는 뜻으로 '술무'라고 불렀는데, 히타이트인들은 이를 후리어인 '켈디'라고 불렀다.

동물의 내장점 외에도 새가 나는 모습으로 점을 치는 새점이 있었다. 상류 메소포타미아와 시리아 지역에 기원을 둔 새점은 히타이트로 전래되어 그리스, 로마로 넘어갔다. 점술가는 자신의 시야 거리에 있는 새가 나는 모습이나 이상한 행동으로 점을 보았다. 히타이트 점토판에 기록된 새의 이름만도 30개 정도나 되며, "마라시 새가 아래로 내려가고 독수리가 알리야 새를 따라 내려간다"는 식으로 새들이 서로 날아가는 모습을 기록하였다. 점토판에는 새들이 날아가는 모습을 기록하였을 뿐, 점괘의 결과는 기록하지 않았다. 아마도 새의 나는 모습 그 자체가 어떤 질문에 대한 답이 되든지, 아니면 질문을 부정하는 의미가 있었는지도 모른다.

달의 모양을 보며 점치는 월점 역시 바빌론에서 기원한 것인데, 점을 보는 방법은 아래와 같았다.

달의 색깔이 노랗고 왼쪽 끝이 뾰족하고 오른쪽 끝이 무디면,

2년 간 봄이 좋게 지날 수이고,

달의 오른쪽 끝이 하늘을 향해 있으면, 풍작이고

달의 오른쪽 끝이 땅을 향해 있으면, 흉작이고

달의 왼쪽 끝이 하늘을 향해 있으면, 국사가 길(吉)하게 되고

달의 왼쪽 끝이 땅을 향해 있으면, 나라에 불길한 전염병이 돌게 되고

달의 양쪽 끝이 남쪽을 향해 길게 보이면,

아카드와 엘람(수메르 동쪽의 땅) 왕이 죽을 수이고

달의 양쪽 끝이 북쪽을 향해 있으면, 아카드 왕이 적을 패망시킬 수이고

달의 양쪽 끝이 서쪽을 향해 길게 보이면, 불이 일어날 징조이다.

또 일상적인 문제를 신이나 인위적인 방법에 의지하여 해결하려는 주술도 있었다. 악으로부터 보호받기 위한 방법이 주술이었다. 몇 가지 예를 들어보면 아래와 같다. 아이를 낳지 못하는 사람을 위해 주술가는 소의 목을 잡고 태양의 신을 향해 주문(呪文)을 외운다. "신이시여! 이 소가 새끼를 잘 낳는 것처럼, 이 사람도 아이를 잘 낳게 해주소서. 딸과 아들과 손자, 손자의 손자들로 집이 꽉 채워지게 해 주소서." 싸움 중에 있는 사람을 화해시키기 위한 주술이 있다. 주술사가 먼저 돼지를 제물로 죽인 후 주문을 소리친다. "아버지와 아들, 남편과 아내, 형제 자매간에 싸움을 하면서 내뱉은 악담들은 이 돼지처럼 없어지거라! 이 돼지가 이제 더 이상 하늘과 그 새끼를 보지 못하듯이, 이 사람들도 악과 저주를 더 이상 보지 못하게 되거라!" 정력도 없고 여자처럼 행동을 하는 남자를 위한 주술도 있다. 주술가는 그 남자에게 한 손에는 거울, 다른 한 손에는 방추를 쥐어준 다음, 문을 통과하게 한 후 다시 주술사가 그에게 화살을 쥐어주면서 문을 지나게 한다. "네 손이 여자들이 쓰는 물건을 쥐고 있지 않고, 내가 준 화살을 쥐고 있는 것처럼 너에게도 남성이 바로 이렇게 오너라!"

주술사는 신전에서 일하는 여자 사제였다. 히타이트인들은 여자 주술사를 늙은 여자라는 뜻의 '아니야트'라고 불렀는데, 늙었다는 것은 인생의 경험을 많이 가졌다는 의미로 사용되었던 것 같다. 여자 주술사는 콩, 석탄, 설탕, 금속전 등 점을 치기 위한 상징물을 흔들어 던진 후에 그 상징물이 떨어진 위치를 보고 점을 치기도 했다. 이런 형식의 점은 오늘날도 계속되고 있다. 또 여자 주술사는 자신의 손에 들린 뱀의 행동으로도 미래를 점쳤다. 히타이트 사회에서는 다른 사람에게 나쁘게 악용되는 소위 흑주술(黑呪術)은 법으로 금지되었다.

주술의 한 방법으로 꿈에 의존하는 것이 있었다. 꿈에서 신이 나타나 말하는 것은 해석의 여지가 거의 없었다. 무르실리 3세와 하투실리 3세 간의 권력 투쟁에서 하투실리가 "꿈에 나타난 이쉬타르 여신이 이렇게 말하더라" 면서 자신이 왕이 되어야 하는 이유를 꿈에서 찾은 것이 그 예이다. 신의 말은 절대적이었기 때문에 꿈에 나타난 신의 계시는 그대로 이행해야 하는 것이었다. 꿈에서 신이 나타나 어떤 계시를 내렸는지의 여부는 꿈을 꾼 사람만이 알 수 있는 것이지만, 어떤 문제를 해결하기 위해 필요하다면 절대적인 신의 계시라며 꿈에 의존하였다.

신화 및 설화

히타이트인들에게는 그들의 뿌리를 짐작하게 해주는 신화가 하나 있다. 지금부터 3,700년 전인 기원전 18세기경 고대 히타이트 시대에 설형 문자로 남겨진 신화의 내용은 다음과 같다.

"네샤 나라의 왕비가 단 1년 사이에 30명의 아들을 낳았다. 왕비는 초능력으로 아이를 낳았다고 말했다. 왕비는 아기들을 기름을 칠한 바구니에 넣어 강물에 띄웠다. 강물을 타고 아기들은 잘파 나라의 바다에 이르렀다. 신은 아기들을 바다에서 건져내 키웠다. 몇 년이 지난 후 왕비는 다시 아기를 낳았다. 이번에는 30명의 딸이었다. 왕비는 이 아이들을 키웠다. 30명의 남자 아이들은 성장하여 네샤로 돌아왔다. 그런데 신이 이 남자 아이들을 아주 다른 모습으로 키웠기 때문에 이 아이들의 엄마인 왕비는 자신이 낳은 아이들인 줄도 모르고 이 아이들을 30명의 딸들과 결혼을 시켰다. 형뻘 되는 아들은 이 사실을 눈치채지 못했으나, 막내 아들이 눈치를 채고 형들에게 여자들을 절대 건들지 말라고 경고했다. 그래서 아침이 되자 남자 형제들은 잘파로 돌아갔다. 태양의 신이 잘파를 신에게 바쳤다. 잘파는 하투샤 왕들과 싸움을 했고, 잘파는 이 싸움에서 망했다."

이 신화를 기록한 점토판은 여기서 끝이 난다. 이야기의 끝이 아니라 점토판의

146

뒷부분이 훼손되어 읽을 수가 없는 것이다. 여기서 언급된 네샤라는 지역은 기원전 19~18세기 아시리아인들이 아나톨리아에 세운 상업 식민 도시인데, 초기 히타이트 왕국의 수도였다. 잘파는 크즐으르막 강이 흑해로 연결되는 지역에 있었고, 네샤는 크즐으르막 강이 시작되는 곳에 위치하였다. 잘파에 있는 아들들이 네샤로 돌아왔다는 이야기는 히타이트인들이 흑해 지역에서 아나톨리아 중앙부로 이주한 것으로 해석할 수도 있다. 점토판이 더 계속되었더라면 좀더 근거 있는 설명이 가능할 수 있었을지도 모른다.

히타이트인들이 남긴 신화와 전설 등은 주로 하티인과 후리인들의 것이다. 그리고 후리인들로부터 온 신화와 전설의 원 뿌리는 유프라테스 강과 티그리스 강사이인 메소포타미아였다. 최초의 신화는 인류 고대 문명의 발상지인 메소포타미아에서, 특히 유프라테스 강과 티그리스 강을 끼고 있던 수메르에서 발생하였다. 수메르의 신화는 그리스, 로마 신화의 원형이 되었다. 히타이트인들은 외부로부터 받아들인 신화나 설화를 자기 것으로 만들 때 각색을 하지 않고 대부분 원래 형태를 그대로 인용하였다. 신화와 전설을 모두 설화라 한다면, 이들 설화는 종교 축제 행사 내용에 자리잡고 있다.

히타이트의 설화 중 대표적인 것은 일루얀카, 텔리피누 및 쿠마르비 설화가 있다. '푸둘리야'라는 신년 축제는 하늘의 신 타룬타가 겨울을 상징하는 일루얀카라 불리는 뱀과 싸우는 이야기를 담고 있다. 이 설화는 네리카 도시의 하늘의 신의 사제인 켈라가 쓴 것으로 두 개의 버전을 갖고 있다. 설화에 나오는 주인공은 하늘의 신 타룬타, 뱀 일루얀카, 땅의 여신 이나르로 셋이다. 이 설화의 내용은 이렇게 전개된다. 추수가 끝난 가을에 뱀인 일루얀카는 이제 별로 일이 없는 하늘의 신을 잡아먹는다. 그러나 하늘의 신은 이듬해 봄에 자신의 아들인 인간 후파쉬야의 도움으로 무기력한 상황에서 구출된 후 두 번째 싸움에서 이기게 된다.

첫 번째 각색에는 일루얀카와의 싸움에서 진 하늘의 신이 모든 신에게 도움을 요청한다. 땅의 여신 이나르가 축제를 준비하고 후파쉬야의 도움을 받기로 약속받는다. 축제 때 일루얀카와 그의 아들들을 취하게 만들고, 후파쉬야가 일루얀카를 묶어 결국 하늘의 신이 이기게 된다. 이나르는 후파쉬야를 타룩카라는 나라의 커다란 돌에 데려가 후파쉬야와 그의 애인에게 상을 내린다. 이 때 후파쉬야에게 절대 창문 밖을 내다보지 말라고 부탁한다. 그러나 후파쉬야가 이를 참지 못하고 창문을 통해 가족을 보게 되고 세상에 돌아가 다시 살기를 원한다. 이 때문에 화가 난 이나르는 후파쉬야를 죽인다.

두 번째 각색에는 일루얀카가 싸움에서 진 하늘의 신의 심장과 눈을 뺀다. 하늘의 신은 심장과 눈을 다시 찾기 위해 아르메르라는 남자의 딸로부터 아들을 얻는다. 하늘의 신의 아들은 일루얀카의 딸과 결혼하며, 결혼 예물로 장인에게 하늘의 신으로부터 뺏은 심장과 눈을 원한다. 하늘의 신의 아들은 이 선물을 받고 아버지에게 심장과 눈을 돌려준다. 하늘의 신은 일루얀카와 바닷가에서 가진 싸움에서 일루얀카를 죽이고 일루얀카의 가족이 된 자신의 아들도 죽인다.

이 설화의 두 번째 각색본은 그리스의 고대 타이폰 신화로 계승되었다. 이 두 가지 버전은 모두 일루얀카를 무력하게 만든 주인공으로 사람을 등장시킨다. 첫 번째 버전에서 사람으로 등장한 것은 하늘의 신의 아들이고, 두 번째 버전에서 사람으로 등장한 것은 후파쉬야라는 사람이다. 이 설화를 통해 히타이트인들은 하늘의 신의 아들과 후파쉬야를 자신들의 최초의 왕으로 해석하고 있다.

풍우신 텔리피누 설화는 이렇다. 풍우신 텔리피누가 왕비에게 삐쳤다. 풍우신이 왜 화가 났는지는 알 수가 없다. 화가 난 풍우신은 오른쪽 발에는 왼쪽 신발을,

왼쪽 발에는 오른쪽 신발을 신고 황급히 사라졌다. 풍우신이 사라진 후 사방이 안개로 덮인다. 그리고는 물, 산, 나무, 들판이 모두 말라버린다. 사람과 동물이 안개 속에서 물이 없어 고통을 당한다. 사람들은 아이를 낳지 못하고 동물들도 새끼를 낳지 못한다. 크고 작은 모든 신들이 이를 보고 어찌할 바를 모른다. 이를 걱정하던 태양의 신이 음식을 만들어 모든 신들을 초청하고, 다른 신들에게 풍우신을 찾아오라고 말한다. 신들은 모두 사방에 흩어져 풍우신을 찾았으나 허사였다. 풍우신을 찾지 못하게 되자, 신들은 독수리에게 풍우신을 찾아오도록 명령한다. 그런데 독수리도 풍우신을 찾지 못한다. 이번에는 한한나 여신이 벌에게 풍우신을 찾도록 임무를 주었다. 벌은 숲에서 자고 있는 풍우신을 침으로 쏘아 깨어나게 했다. 이에 화가 더 나게 된 풍우신은 나라를 더 어지럽게 만들었다. 신들은 더욱더 놀랐다.

놀란 신들이 풍우신을 어떻게 찾아올까 걱정하고 있을 때, 캄루세파 여신과 사람들은 풍우신의 분노를 가라앉힐 제의를 준비하고 이렇게 외쳤다. "문지기가 일곱 개의 문을 여니 일곱 개의 빗장이 나왔다. 검은 흙 속에 청동들이 있다. 거기에 들어간 자는 절대 나오지 못한다. 바로 너희들이 텔리피누의 화와 분노를 받을지어다. 그들을 풀어주지 말거라." 이렇게 하자 화가 풀어진 풍우신 텔리피누가 다시 돌아왔다. 안개가 걷히고 나무와 꽃들에서 새싹이 돋기 시작하고 사람들이 아이를 낳게 되었다. 동물들도 새끼를 낳았다. 나라에 생명이 돌게 되었다. 이 설화는 신이 사라지고 난 후 생기게 되는 인간 세상의 어려운 상황을 묘사하기 위해 만들어진 것이다.

쿠마르비 설화의 내용은 이렇다. 쿠마르비가 등장하는 설화는 세 가지가 있다. 그중 하나는 세상이 창조되기 전 하늘과 땅이 처음에는 하나로 되어 있었기 때문에 하늘의 신을 내시로 만들었는데, 그러자 하늘과 땅이 분리되어 지상 세계가 창조된다는 것이다. 그런데 여기에서 밀의 신 쿠마르비가 땅에서 하늘을 분리하여 카오스 상황을 종식시키고 세상을 창조한 인물로 등장한다. 세상을 창조한 쿠마르비는 하늘의 신으로부터 임신을 하게 되어 폭풍우인 타쉬미슈와 아란자(티그리스 강)를 낳았다고 전해진다.

쿠마르비가 등장하는 다른 설화는 1년 중 신의 지배 기간을 정한 설화이다. 3월에는 새싹이 돋고 하늘과 땅이 분리됨으로써 새해가 시작된다. 풍작의 신 쿠마르비는 하늘의 신 테슙으로부터 이때 지상에 보내진다. 추수기에는 테슙이 지배한다. 알랄루 신은 겨울철에 지배한다. 이렇게 하여 일년중 신들이 지배하는 기간이 정해지는데, 알랄루 신은 11~1월까지, 하늘의 신인 아누는 2~3월까지, 3월에는 쿠마르비가, 6~7월에는 테슙이 지배한다. 이 설화는 월력을 설명하는 뜻으로 전해졌기 때문에 종교 축제 행사에는 인용되지 않았다.

마지막 쿠마르비 설화는 세상의 질서를 파괴하기를 원하는 은 귀신, 바다 용인 헤담무, 돌 귀신 울리쿰미를 쿠마르비가 창조했다는 내용의 이야기이다. 은은 빛을 위협하여 밤과 낮을 구별하게 하였고, 헤담무는 도시를 파괴하고 모든 것을 삼키는 괴물을 상징하였다. 울리쿰미는 풍우신 테슙에게 화가 나 호수가에 있는 거석과 잠을 잔 후 태어난 아이의 이름이다. 쿠마르비는 그 아들이 하늘로 올라가 테슙을 짓밟고 세상을 자신의 어깨에 올려놓을 수 있도록 바다에서 자라기를 원했다. 이 아이는 쿠마르비가 바라는 대로 무지하게 성장하여 머리가 하늘에 닿았고 바다가 허리까지 왔다. 이를 본 태양의 신이 풍우신 테슙에게 알리자 테슙이 무서워한다. 그래서 에아 신에게 거석의 아이로부터 자신을 구출해달라고 간청하였다. 이에 에아 신이 하늘과 땅을 구분하기 위해 만든 도구로 이 아이를 조각내었고, 테슙이 구출되었다고 한다.

법령

고대 근동에서는 법을 제정한 사람이 확실하기 때문에 법을 제정한 왕의 이름을 따서 우루-남무법, 함무라비법 등이라고 불렀다. 그러나 히타이트에서는 법을 제정한 사람이 누구인지 확실하지가 않다. 보아즈쾨이에서 발굴된 점토판의 기록을 통해 히타이트의 법의 내용을 부분적으로 알 수 있다. 히타이트 법이 어떻게 해서 점토판에 기록되었는지 정확히 알 수는 없으나, 히타이트 왕이 자신이 만든 법을 사료 기록관에게 불러주고 이를 점토판에 기록하도록 하였든지, 아니면 재판관의 심판 기록을 법령으로 남겼을 것으로 보인다. 점토판의 법 규정은 두 가지로 구분되는데, 각각 100개항의 법 조항이 있다. 히타이트 법 규정은 과거의 규정을 개정한 내용이 많다. 히타이트인들은 시대의 변화에 따라 형벌을 과거보다는 가볍게 했는데, 히타이트 법을 요약하여 정리한 것은 다음 페이지와 같다.

표의 히타이트 법을 보면 제1편과 2편이 서로 연관을 갖고 중복되는 조항이 있는데, 후의 것은 시간이 지남에 따라 달라진 법 규정을 추가로 기록해놓은 것으로 보인다. 예를 들면 제1편의 35조항과 2편의 175조항은 비정상적 결혼을 다룬 조항으로 성격상 같은 내용이지만 나중의 것이 추가된 것으로 보인다. 어느 왕이 히타이트 법을 최초로 만들었고, 또 어느 왕이 이를 개정하였는지에 대한 기록은 전혀 없다. 법조문의 상당 부분을 차지한 내용을 보면, 도둑질, 살인, 결혼, 성(性)에 관한 것으로 히타이트 법은 대부분 형사법에 관한 것임을 알 수 있다.

제1편

1~6	살인
7~18	상해 및 구타
19~24	노예 매입, 도망간 노예에게 적용될 형벌
25	보건 위생
26~36	결혼(비정상적인 경우)
37~38	자기 방어를 위한 살인
39~41	토지 상속 문제
42	원정을 위한 임대
43	도하(渡河)시 발생한 사고
44A	살인
44B	주술로 인한 피해
45	재산 소유
46~56	토지 상속 문제
57~92	절도 및 소와 관련한 범죄
93~97	절도
98~100	방화

제2편	
101~118	포도 과수원 및 정원과 관련한 범죄
119~145	절도 및 각종 재산 피해
146~149	불공정한 매매(賣買) 거래
150~161	각종 노역에 대한 지불 관계
162	송수관(送水管)과 관련한 범죄
163	소와 관련한 범죄
164~169	농사와 관련한 종교적 규정
170	주술
171	모(母)에 의한 친자 관계 거부
172	기근(饑饉)시 사형에 대한 보상
173	재판 결정에 대한 반대
174	살인
175	비정상적 결혼
176A	황소와 관련한 범죄
176B~186	물품 가격표
187~200A	성범죄
200B	도제 교육을 위한 기본 임금

* 자료 : O. R. Gurney, The Hittites, 1990.

히타이트인들의 죄에 대한 처벌은 "눈에는 눈, 이에는 이"라는 탈리오 법칙이 적용되는 보복의 원칙에 두지 않았다. 히타이트인들은 참혹한 형벌 대신에 보상으로 죄의 대가를 치르게 하였다. 사형은 강간, 수간(獸姦), 왕실에 대한 반란 행위, 흑주술, 노예들의 주인에 대한 항명(抗命) 등으로 제한하였다. 만약 탈리오 법칙이 히타이트 시대에 적용되었다면, 어떤 사람이 다른 사람의 팔을 부러뜨렸을 경우 피해를 당한 사람이 가해자의 팔을 부러뜨려야 했을 것이다. 그러나 히타이트에서는 그렇지 않았다. 제11, 12조항을 예로 들어보자. "만약 어떤 사람(자유인)이 다른 사람의 팔이나 다리를 부러뜨렸다면, 피해자에게 20세켈의 은을 보상금으로 지급해야 한다. 만약 어떤 사람이 여자나 남자 노예의 팔이나 다리를 부러뜨렸다면, 피해자에게 10세켈의 은을 보상금으로 지급해야 한다." 죄의 대가를 보상금으로 지불하도록 한 히타이트 법조는 이런 면에서 근대적이었다.

히타이트 법을 보면 히타이트 사회는 자유인, 노예, 비자유인 등 세 계층이 있었다. 자유인에는 귀족, 상인, 농민, 수공예인이 포함되었다. 왕실은 귀족에게 땅을 분할하였고, 귀족은 이에 대한 보상으로 전차와 무기를 왕실에 제공해야만 했다. 왕실의 행정은 귀족만 참가하였다. 히타이트 시대의 자유인은 오늘날과 같은 현대적인 자유인과는 개념이 달랐다. 노예가 아닌 사람들을 법적으로 규정하기 위해 자유인이라는 상대 개념이 생긴 것이다. 자유인들은 경제적으로 중요한 자리를 차지하고 있는 계층이었다.

노예는 사회 밑바닥에 있는 계층이었다. 노예는 사고팔 수 있었을 뿐만 아니라 임차도 가능하였고, 부동산같이 유산으로 다른 사람에게 양도가 가능하였다. 히타이트 사회에서는 이러한 노예도 법의 보호를 받았다. 노예라도 재산을 소유할 수 있는 권리가 있었고, 자유인과 결혼할 수도 있었다. 자유인과 노예의 중간에 있는 계층인지, 또는 이들 다음의 별도의 계층인지는 확실치는 않으나 '남라'라고 불리는 비자유인이 있었다. 남라는 히타이트 군대가 정복한 땅에서 데려온 사람들로 주로 신전에 딸린 농토에서 농사를 짓고 살았다.

시비나 실수로 사람을 죽였을 경우에도 노동력을 제공할 수 있는 인력으로 보상하였다. 싸움 중에 남자나 여자를 죽였을 경우 네 사람의 인력을 제공하면 되고, 비자유인을 죽였을 경우에는 두 사람의 인력을 제공하면 된다. 이때 보상으로 제공되는 인력은 주로 노예였다.

히타이트 법에는 결혼과 성에 관한 조항이 많이 있으나, 주로 비정상적인 경우에 관한 사항들이다. 법조문으로 본 히타이트인들의 결혼 관습은 바빌론의 관습과 아주 유사하다. 약혼은 꼭 결혼을 약속하는 것만은 아니었다. 약혼녀는 예비 신랑으로부터 받은 약혼 선물을 그대로 돌려준다는 조건으로 다른 남자와 결혼할 수 있었다. 예비 신랑이 결혼을 취소하거나, 예비 신부 가족이 결혼을 반대하는 경우 약혼은 파기된다. 약혼을 파기한 사람이 예비 신랑일 경우에는 예비 신부 가족에게 준 선물을 받지 못하며, 약혼을 파기한 사람이 예비 신부의 가족인 경우에는 받은 선물의 두 배 내지 세 배를 보상해야 한다.

히타이트 법은 근친 결혼을 금하였다. 친모, 장모, 계모, 여동생, 남자 형제의 아내 등과는 성관계가 금지되었다. 그러나 근친 결혼의 예외적인 조항도 있었다. 193조항에 따르면, 남편이 죽고 미망인이 된 여자는 남편의 형제와 결혼하고, 그 형제가 죽으면 남편의 아버지와 결혼하고, 남편의 아버지가 죽게 되면 조카와 결혼하였다. 이런 근친 결혼이 있었던 것은 남편이 죽고 난 뒤 재산이 빠져나가는 것을 막기 위한 것이었다. 또 아버지가 죽은 후에 계모와의 성관계는 처벌하지 않는다고 되어 있다. 결혼 후 여자가 행한 간통은 사형으로 처벌되었다. 간통이나 강간은 히타이트 사회에서 큰 범죄였다. 강간이 산 같은 야외에서 일어나면 남자가 처벌을 받지만, 집에서 일어나면 남녀 모두 처벌을 받는다. 이들에 대한 처벌은 사형이지만, 왕이 용서할 경우 남자나 여자는 죽음을 면할 수도 있었다.

히타이트 법은 고정된 법규가 아니라 세월이 지남에 따라, 또는 상황에 따라 변화되었다. 사회가 커짐에 따라, 또 통치자인 왕이 원할 경우 개정되었다. 절도에 관한 규정을 예로 들어보자. 57조항은 "황소 한 마리를 훔친 자는 과거에는 30마리의 소를 배상금으로 지불했지만, 이제는 15마리의 소를 지불하면 된다"고 되어 있는데, 위에 언급한 63조항은 "과거에는 15마리의 소를 지불했으나 지금은 10마리의 소를 지불하면 된다"고 되어 있는 것으로 보아, 이는 같은 범죄에 대한 형량이 개정되었음을 의미하는 것이다.

하투샤 내에서는 재판을 왕이나 고관이 하였다. 재판을 하기 위한 왕의 행차를 점토판은 이렇게 기록하고 있다. "경비대가 문을 열자 말이 끄는 작은 마차가 문 앞에 온다. 왕은 경비대의 도움으로 마차에 탄다. 마차 뒤에는 경비대가, 양쪽에는 병사들이 배치된 가운데 왕은 재판장에 도착한다. 관리가 왕에게 재판의 내용이 무엇인지 읽고 설명한다. 왕은 판결하면서 필요한 형벌을 내린다. 왕은 경비대와 병사들의 경호 아래 왕실로 돌아온다. 왕실에 도착하면 수비 대장은 왕실 관리에게 임무를 교대한다." 이 기록을 보면 왕이 재판하기 위해 가는 재판정이 별도로 있었던 것 같으나, 그 곳이 어디인지는 알 수가 없다. 히타이트 초기 왕국 시대에는 '판구'라는 귀족 의회가 재판을 할 수 있었다. 제국이 커지고 그에 따라 왕의 세력도 커짐에 따라 판구의 역할도 유명무실해지면서 하투샤 수도에서는 재판을 왕이 관장하게 되었다. 하투샤 수도 밖 지방에서는 지방 수비 대장이 원로 등과 함께 재판을 하였다. 왕은 지방 재판관에게 공정하게 재판하도록 훈령을 내렸다. "범인의 집이나 형제, 아내, 가족, 일가 친척, 인척들로부터 빵이나 맥주를 선사받았다고 해서 판결을 뒤집어서는 안 된다. 유리한 사건을 불리한 사건으로 만들지 말고, 불리한 사건을 유리한 사건으로 만들지 말라. 네가 판결하지 못할 분쟁 사건은 너의 주인이신 왕에게로 보내라. 그러면 왕이 직접 판결을 내리리라." 이렇게 지방 재판관이 판결하지 못하는 사건은 왕에게 이송되어 왕이 직접 재판하였다.

히타이트인들의 법에 대한 궁극적인 기준은 그들이 갖고 있는 종교 의식에 기초하였다. 왕실 행사가 모두 제의 행사와 함께 이루어지듯이 법 절차도 마찬가지였다. 재판시에도 바른 재판을 하기 위해서 신에게 서약하였다. 왕이나 재판관이 벌을 내리지만, 그들 위에서 정의를 밝히고 악에 대해 벌을 가하는 것은 신이라고 믿었다. 히타이트의 법은 연좌제를 금지하였지만, 신이 내린 형벌은 자식의 자식까지도 벌을 받아야만 했다.

히타이트 법은 몇 가지 경우 사형에 처하는 것을 제외하고는 일반적으로 피해자에게 금전으로 보상을 해주도록 함으로써, 과거의 보복 원칙에 따른 끔찍한 형벌을 탈피하고, 인간의 자유와 권리를 중시하였다는 데 의의를 찾을 수 있다. 히타이트 법에 규정한 형벌은 이전의 다른 중근동 국가의 법과는 달리 인간적이고 보다 온건한 것이었다.

경제 생활

히타이트인들이 살았던 아나톨리아 반도에서는 기원전 6500년경 신석기 시대에 인류 최초의 집단 거주지가 형성되었다. 터키의 중부 내륙 도시 콘야에서 북동쪽 50㎞ 지점에 위치한 차탈회윅은 요르단의 예리코와 함께 인류 역사상 최초의 정착 주거지였다. 아나톨리아 반도는 구석기 시대, 신석기 시대, 청동기 시대를 이어 근대에 이르기까지 다양한 문명과 문화를 낳은 곳이다. 이렇게 다양한 문화와 문명이 탄생할 수 있었던 것은 아나톨리아의 지리적인 위치와 온화한 기후 때문이었다. 아나톨리아는 동과 서를 연결하는 다리 역할을 하였으며, 3면이 지중해, 에게해 및 흑해로 둘러싸여 있어 수자원이 풍부한 데다, 인간이 살기 좋은 온대권에 위치하여 옛부터 농업과 목축이 발달하였다.

히타이트인들의 경제는 농업과 목축으로 이루어졌다. 농업의 근간인 땅은 신이 주인이고, 그 다음에 왕이었다. 왕이 원하면 백성들에게 땅을 하사할 수 있었다. 토지를 하사받은 사람은 왕실에 세금을 내고 전쟁시에 병사를 제공할 의무가 있었다. 밀, 보리, 콩이 히타이트인들의 주요 농산물이었다. 보아즈쾨이에서는 수도 하투샤가 불에 타 멸망한 후 타다 남은 다량의 밀이 발굴되었다. 그들이 먹는 빵의 종류도 다양했다. 식용작물로는 포도와 올리브가 있었다. 포도와 밀로 포도주와 맥주를 만들었고, 올리브로부터 기름을 얻었다. 포도주와 맥주는 제의 행사 때 많이 사용되었다. 아나톨리아에서 포도주는 히타이트 시대부터 만들기 시작한 것으로 보인다. 식용작물로 깨가 언급되었지만, 얼마나 보급되었는지는 확인할 수 없다. 히타이트 시대에 주요한 과일 작물은 사과, 복숭아, 살구, 무화과 등이었다. 히타이트 시대에 있었던 농작물과 과일류는 현재에도 아나톨리아에서 재배되고 있다.

농업 다음으로는 목축업이 중요하였는데, 아나톨리아의 대부분 지역에서는 목축으로 생계를 유지하였다. 동물로는 양, 소, 말, 염소, 돼지 등이 있었다. 목축업은 나라의 경제에 주요한 자원이 되었다. 이들 동물로부터 우유, 살코기, 기름, 털, 가죽 등을 얻었다. 우유나 고기는 먹고 털과 가죽으로는 옷을 만들어 입었으며, 운반용으로도 사용할 수 있는 동물들은 재산이 되었다. 히타이트의 한 기록에는 어떤 사람의 재산 목록이 기재되어 있는데, 그의 재산에는 동물들도 포함되었다. 히타이트인들에게 가장 중요한 동물은 말이었다. 말은 원정시에 꼭 필요한 동물이었다. 왕들은 원정에서 승리하고 하투샤로 돌아올 때 동물들을 전리품으로 가져왔다.

히타이트 전 기간을 통해 같은 가격이 적용되었으리라고는 보지 않지만, 히타이트 법에는 농작물 및 동물의 가격을 다음 페이지의 표와 같이 지정하였다.

아나톨리아에서 광업의 역사는 기원전 약 7000년경에 시작되었으며, 동, 아연, 철, 크롬 등이 주요한 광물 자원이었다. 아나톨리아에는 석유와 석탄을 제외하고 현재까지 알려진 4,400개의 광상 중에서 51개의 광물이 채굴될 만큼 옛부터 광물 자원이 풍부한 지역이다. 그러나 히타이트 시대에는 채굴 기술이 발달되지도 않았고, 동이나 철 등의 광물 외에는 이용할 수 있는 환경이 안 되었기 때문에 광물의 사용도 몇 가지 광물에 제한되었다. 히타이트인들이 사용했던 광물은 구리, 청동,

가축*	
양	1세켈
염소	2/3세켈
소	7세켈
말	14세켈
수레 끄는 말	20(또는 30?)세켈
쟁기 끄는 숫소	15세켈
황소	10세켈
노새	1미나

육류**	
양 한 마리 고기	1/10 양
숫소 한 마리 고기	1/2 양
새끼 양 한 마리 고기	1/20 양
새끼 염소 한 마리 고기	1/20 양
송아지 한 마리 고기	1/10 양

* 법조문에는 종마(種馬), 수레 끄는 암말, 숫당나귀, 짐 나르는 암당나귀의 가격이 같다고
 명시하였으나 그 가격이 얼마인지는 밝히지 않았음.
** 가격은 양 가격으로 표시되었으나, 양 한 마리 가격은 1세켈이므로 가격에는 변동이 없음.
*** 파리수와 지피타니가 얼마만큼의 무게인지는 확인되지 않았음.

가죽	
털 달린 양 가죽	1셰켈
털 없는 양 가죽	1/10셰켈
염소 가죽	1/4셰켈
털 없는 염소 가죽	1/15셰켈
숫소 가죽	1셰켈
어린 양 가죽	1/20셰켈
어린 염소 가죽	1/20셰켈
송아지 가죽	1/10셰켈

농산물***	
밀 1 파리수	1/2셰켈
기름 1 지피타니	2셰켈
버터 1 지피타니	1셰켈
보리 1 파리수	1/4셰켈
돼지 기름 1 지피타니	1셰켈
꿀 1 지피타니	1셰켈
포도주 1 파리수	1/2셰켈
치즈	1/2셰켈

자료 : O. R. Gurney, The Hittites, 1990.

영화에 묘사된 히타이트 시장의 모습.

철, 납, 주석, 금, 은 등이었다. 동을 구하기 위해 전쟁도 몇 차례 치렀다. 은은 화폐로 사용되었다. 은 1세켈은 8.5g 정도이고 40세켈이 1미나였다. 이 단위는 수메르인들이 사용한 것이었는데, 수메르인들에게는 60세켈이 1미나였다.

히타이트인들에게 철은 매우 귀중한 금속이었다. 인류 역사상 철기를 최초로 사용한 민족이 히타이트 민족이고 아나톨리아에는 철광상이 많다고 알려져 있지만, 정작 히타이트인들이 살았던 곳에서는 극소수의 철 제품이 남아 있다. 히타이트인들이 남긴 기록에는 철로 만든 단도, 철판 위에 새긴 기록판, 철로 만든 신상과 동물상이 있다고 씌어 있으나, 지금까지 발굴된 것이라고는 왕이 신전에서 가진 제의 행사 때 신에게 선물한 철 제품 몇 가지에 불과하다. 섭씨 2,700도 이상의 고열에서 철을 녹이고 제조하는 기술을 겸비한다는 것이 당시 히타이트인들에게는 어려웠을 것이다.

　히타이트인들이 남긴 철제품은 극히 적지만, 히타이트에 철이 많았다는 것을 증명해주는 한 편의 서신이 있다. 그 서신은 기원전 13세기경 히타이트의 하투실리 3세 왕이 추측컨데 아시리아 왕에게 답신 형식으로 쓴 것이다. "나에게 부탁하신 좋은 품질의 철이 키주와트나에 있는 인장 제조소에 남아 있지 않습니다. 지금은 철을 만드는 적기가 아닙니다. 그 곳에서 양질의 철을 만들고 있습니다만, 끝내기가 가능하지 않습니다. 제작이 완료되면 당신에게 바로 보내겠습니다. 오늘은 당신에게 철로 만든 단도를 보냅니다."

　아나톨리아는 아시리아 상업 식민 시대에 교역이 활발히 이루어졌다. 그러나 아시리아 상업 식민 시대에 활발하였던 교역이나 육상 교통은 아시리아인이 사라지고 히타이트인들이 들어서면서 활기를 잃게 되었다. 히타이트 왕은 외국 상인이 들어와서 장사하거나 거주하는 것을 허락하지 않았다. 히타이트인들은 외부에 의존하지 않고 자급자족하며 살 수 있었다. 히타이트 역사를 보면, 히타이트 제국 전 기간에 걸쳐 원정이 계속되었고, 원정에서 승리하면 전리품을 다 챙겨왔기 때문에, 히타이트에서 나오지 않는 물품은 원정시 얻는 전리품으로 대체되었다. 이렇게 하여 히타이트인들의 자급자족 생활은 얼마든지 가능하였다.

예술

　히타이트가 역사에 존재하기 시작할 무렵 이집트는 고왕국 시대가 끝나고 중왕국 시대(제11~17왕조, 기원전 약 2052~1540년)의 중반에 접어들고 있었다. 히타이트가 전성기에 있을 무렵 이집트도 신왕국 시대(제18~26왕조, 기원전 약 1540~525년)를 맞고 있었다. 이집트는 이미 고왕국 시대에 피라미드를 건축하였고, 히타이트 시대에는 델 엘 바하리의 신전을 비롯하여 룩소 대신전, 테베의 람세스 2세 신전, 아부 심벨의 대암굴 신전, 카르낙의 암몬 대신전을 건축하고, 오늘날 문화의 기초를 이루는 기하학, 수리학, 토목 기술을 발전시켜 세계 최고(最古)의 문명국으로 등장하였다. 고대 이집트 시대 이전인 기원전 3000년경 메소포타미아에 인류 최고의 문명을 개화한 수메르인들의 수메르 도시 왕국 시대들이나, 수메르의 문화를 이어받은 셈족인 아카드인들이 세운 아카드 왕조를 지나 고바빌로니아 왕국에 이르기까지 근동 지역의 고대 국가들도 역사에 빛나는 문화와 예술을 남겼다.

　근동 지역의 고대 국가들이 남긴 문화와 예술을 히타이트의 것과 비교해본다면, 히타이트의 문화와 예술이 상대적으로 초라해 보인다. 왜냐하면 히타이트인들이 남겨놓은 유물과 유적의 규모나 수가 다른 근동의 국가들과 비교할 수 없을 만큼 적기 때문이다. 고대 국가 시대에 왕묘는 왕이 사용하던 물건을 모두 순장하였기 때문에 왕묘의 발굴은 당시의 문화와 예술을 가늠하는 역사 자료가 된다는 점에서 중요하다. 그러나 히타이트의 왕묘는 아직도 발견된 것이 없다. 지금까지 발견되지 않은 것으로 보아 왕묘 발굴은 불가능한 일인지도 모른다. 하투샤에 남아 있는 석조 부조물과 야즐르카야 암굴 신전 등 제한적인 자료를 통해 그들의 문화와 예술을 읽어내야만 한다. 소규모의 유물도 양적으로 볼 때 제한적이다. 히타이트인들이 다른 근동 지역 종족보다 섬세하지 못하고 문화적이지 않다는 평가를 받는 것도 바로 이 때문이다.

그러나 제한적이나마 히타이트인들이 남긴 유물이나 유적을 살펴보면, 히타이트인들의 예술성도 결코 가볍게 볼 수만은 없다는 것을 알게 된다. 하투샤에 남겨진 석조 부조물은 히타이트인들이 창조한 훌륭한 예술품이다. 얕은 양각(陽刻)으로 세밀하게 부조한 것이 특징이다. 얕은 양각으로 명확하게 팠기 때문에 사람이나 신의 얼굴을 자세히 알아볼 수 있을 정도이다. 하투샤의 전사의 신상이나, 야즐르카야에 있는 신상, 알라자회윅에 있는 석벽(石壁) 아래 부분의 부조물 등이 대표적이다. 히타이트인들은 큰 돌을 조각하듯이 깎아가며 형상을 만들어내는 수준 높은 석공술을 보여주었다. 하투샤의 성문에 있는 사자나 전사의 신상과 같은 형상물은 마치 거대한 돌 속에서 튀어나온 것과 같은 분위기를 연출함으로써 살아 있는 생명력과 힘을 과시하는 듯이 보인다.

히타이트의 석조 부조물은 주로 앞면의 표현에 치중하였다. 하투샤의 사자의 문에 있는 사자상이나 알라자회윅의 스핑크스 상을 예로 들 수 있다. 다만, 알라자회윅의 스핑크스 상 옆면에는 스핑크스와 관련이 없는 다른 상이 함께 부조되어 있다. 앞면과 옆면이 함께 복합적으로 표현된 것은 하투샤에 있는 전사의 신상이다. 히타이트 부조물에 새겨진 사람이나 동물은 표현하고자 하는 중요한 부분들이 강조되어 있다. 전사의 신상을 보면, 머리와 다리는 옆모습으로 나타나 있지만, 어깨와 가슴 부분은 앞모습으로 나타나 있다. 전사의 신상은 얼굴의 3/4 정도가 돌

166

← ↑ 앞면과 옆면이 함께 복합적으로 표현된 전사의 신상.

아즐르카야 암벽 석실 2호의 지하의 12신. 신들의 행진 모습이 마치 걸어가는 듯한 느낌을 준다.

밖으로 돌출되어 있고 앞면, 옆면, 뒷면을 느낄 수 있도록 조각되어 있다. 근육이나 의상 등에서 나타난 표현을 통해 히타이트인들의 세심한 석공술을 느낄 수 있다.

히타이트 석조 부조물의 특징은 살아 움직이는 듯한 율동감과 대상물의 조화로운 배치와 구도이다. 야즐르카야 암석에 새겨진 신들의 행진 모습은 마치 신들이 걸어가는 듯한 느낌을 준다. 신들의 율동감은 그들의 팔동작과 발의 모습으로 즉각 감지될 정도이다. 신들 간의 적정한 거리, 산란하지 않으면서 율동감을 더해 주는 두 팔의 동작과 발의 동선은 안정된 구도와 배치 속에서 신들의 행진을 경쾌하게 인식하게 한다. 하투샤와 야즐르카야 외에 히타이트인들이 돌 위에 남긴 부조물로는 앙카라 근처 하이마나의 가부르칼레 부조물(두 명의 신), 이즈미르의 케말파샤에서 가까운 카라벨 부조물(왕), 에르지예스 산 남동쪽 한예리 근처에 있는 게즈벨리 부조물(왕자), 프락틴 동쪽 이맘쿨루에 있는 부조물(왕자) 등이 있다.

석조 부조물 외에도 작은 형태의 예술품으로 동물 형상으로 된 그릇과 인장이 있다. 제의 행사에 사용된 제의용 그릇은 주로 흙으로 만들어졌으나 금속으로 만들어진 것도 있다. 황소 머리 형상으로 된 한 쌍의 제기(祭器)를 포함한 다른 동물 형상의 제기들은 살아 있고 유머스러운 느낌을 주는 것이 특징이다. 제기는 검은 색, 붉은 색, 흰색을 띄고 있으며 기하학적인 구도로 만들어졌다. 히타이트 왕의 상징인, 양쪽에 날개가 달린 태양도 양쪽 대칭으로 기하학적으로 만들어졌다. 히타이트인들이 많이 남긴 것으로는 인장이 있는데, 인장의 형태는 처음에는 주로 실린더형이었으나, 점차 도장형으로 바뀌었다. 조그만 돌로 만들어진 인장은 초기 왕국 시대부터 제국이 멸망할 때까지 유지되어 온 예술 분야이다. 인장은 메소포타미아에서 히타이트로 들어온 것이다.

아나톨리아에서 고대 도시의 성곽은 히타이트 시대 또는 그 이전 시대부터 시작되었다. 히타이트인들은 큰 돌로 성곽을 만들고 방어벽이나 터널을 만들었다. 방어벽이나 지하 터널은 전략적인 방어 목적으로 축조되었다. 히타이트 왕실은 방, 접견실, 문서고, 중정 등으로 구성되어 있다. 하투샤의 대신전도 같은 구성이다. 하투샤에 있는 신전들은 방, 문, 중정, 창고 등을 갖고 있는 것이 특징이다. 히타이트인들은 신전이나 주택 건축에서는 돌기둥 대신 네 군데에 나무 기둥을 사용하였다. 장식 목적으로 벽에는 부조물을 새겼다. 히타이트 건축의 뚜렷한 특징은 비대칭성에 있다. 어떤 건축물이라도 대칭이 되는 것이 없다. 신전의 방을 보더라도 나란히 똑같은 크기의 방을 만들지 않았다. 건축물 내에서 대칭을 찾기가 쉽지 않다. 인위적인 대칭 구조보다는 자연적인 구도를 기초로 건축하였다.

히타이트 문화도 이집트와 마찬가지로 단일 국민, 단일 종족이 이루어놓은 것이 아니다. 메소포타미아 지역과 아나톨리아에서 세력을 남긴 종족들이 남긴 문화의 종합 작품이라 할 수 있다. 종교와 문학 부문에서는 히타이트의 것이 후리나 바빌론으로부터 영향을 받았는지는 확인할 수 있지만, 시각이나 조형 예술 부문에서

그 영향을 일일이 구분하는 것은 불가능하다. 어떤 요소가 순수한 히타이트 것이며, 어떤 요소가 영향을 받은 것인지 정확하게 구분하는 것은 쉽지 않기 때문이다. 히타이트인들도 루비인들이나 팔라인들과 같이 아나톨리아로 들어올 때 자신들의 고유한 문화적 요소를 가지고 들어왔을지도 모르기 때문이다.

← 황소 모양으로 된 한 쌍의 제기.

군사

히타이트는 전 기간에 걸쳐 나라 안과 밖에서 계속 전쟁 상태에 있었다. 늘 계속된 전쟁에서 승리하기 위해서는 잘 조직된 군대가 필요하였다. 히타이트의 막강한 군사력은 새로운 무기 개발로 가능하였다. 히타이트 군대의 기간은 보병이었다. 보병 외에도 공격력이 큰 전차 부대가 있었다. 보병과 전차 부대가 히타이트 군대의 기본 골격이었다. 보병은 왕실 근위대를 말하며 성곽을 지키고 반란을 진압하는 임무를 맡았다. 원정시에는 일반 백성들로부터 보병 군대를 조직하기도 하고 속국으로부터는 병사들을 지원받았다. 상주 군대는 아니지만, 말을 타고 다니는 통신 연락병과 포위 선봉대도 있었다. 히타이트 군사력을 대변하는, 말이 이끄는 전차 부대는 무서운 공격력을 보여주었다.

원정시 총지휘관은 왕 자신이었다. 히타이트 왕은 원정이나 출정시 총사령관으로 직접 나섰지만, 필요할 때는 자신을 대신할 사령관을 임명하였다. 왕이 병 중에 있거나, 왕이 다른 원정에 나선다든가, 제의 행사에 참석해야 할 경우 등에 다른 사람을 사령관으로 보냈다. 왕을 대신한 사령관은 왕실에서 일하는 목동 대장이나 포도주 대장 같은 왕가의 측근들이 맡았다. 왕실에서 전략적으로 중요하다고 판단하는 지역에는 왕자를 그 지역의 왕으로 보냈으며, 그 왕에게는 독자적인 권한도 인정하였다. 원정은 보통 여름철에 나갔다. 겨울철에는 아나톨리아 중앙 고원에 눈이 많이 내려 원정 시기로는 적합하지 않기 때문이다. 봄이 오면 원정에 나가기

→ 카르카므쉬에서 발굴된 후기 히타이트 시대(기원전 8세기경)의
석조 부조물로 아시리아화된 히타이트 시대의 전차 모습이다.

위해 점을 보았다. 점괘(占卦)가 좋으면 원정을 위한 명령이 내려지고, 병사들의 소집 시기와 장소 등이 결정된다. 히타이트 병사들은 여름 내내 전쟁을 치르고, 가을이 되서야 부대로 돌아왔다.

전쟁을 하게 되면 나라 안 정세가 불안하였지만, 원정은 나라의 경제에 부를 가져오는 기능을 하였다. 전쟁이 끝나면 국고는 전리품으로 채워졌고, 원정에서 승리하면 전리품이 병사들에게 나누어졌기 때문에 전리품은 병사들에게 매력적인 것이었다. 이집트와의 전쟁시 전차의 공격으로 승리를 목전에 두고 있던 히타이트 군대는 적군의 진지에 있는 전리품 획득에 눈을 돌림으로써 이집트 군대의 역습을 받게 되어 승리의 기회를 놓치게 되는 상황이 일어나기도 했다.

히타이트의 전술에는 여러 가지가 있었다. 야간 이동, 야간 기습, 매복은 기본 전술이었고, 적군을 전투하기 유리한 장소로 유인하는 것은 히타이트 군대의 장기였다. 전투하기 유리한 장소란 히타이트의 경전차(輕戰車)가 달리기 좋은 평지를 말한다. 히타이트 군대의 또 다른 중요한 전술은 포위망 구축으로 적의 도시를 포위하여 기습의 시기를 판단하는 것이었다. 히타이트의 수필룰리우마 왕이 카르카므쉬 도시 국가 원정시 도시를 포위하고 전투를 가졌는데, 카르카므쉬는 8일 간 히타이트 군대의 공격에 저항할 수 있었다.

히타이트 군대의 공격력은 말이 이끄는 경전차에 있었다. 이 전차는 기원전 2000년경 후반에 후리인들이 개발하여 근동 지역에서 사용되기 시작하였다. 수메르인들은 이미 바퀴가 두 개 달린 운반차와 네 개 달린 운반차를 사용하였으나, 이 운반차는 당나귀가 끌었을 뿐만 아니라 중량도 무거웠다. 바퀴에 살이 들어가 있는 경마차(輕馬車)는 기원전 16~15세기경 미탄니 왕국(후리 왕국의 후신), 바빌론의 카시트 왕국, 이집트의 신왕국 시대가 시작된 제18왕조 시대에 사용되기 시작하였다. 경마차의 등장은 전쟁에 있어서 혁명이었다. 경마차가 보여준 속도는 전쟁의 운명을 좌우하는 중요한 요인이 되었다.

히타이트 전차는 히타이트 군대와 이집트 군대 간 전쟁을 묘사한 이집트의 기념 석벽 부조물에 묘사되어 있다. 아나톨리아에서 히타이트 전차가 새겨진 석조 부조물은 히타이트가 멸망한 이후인 후기 히타이트 시대 도시 국가였던 카르카므쉬에서 발굴되었다. 히타이트인들은 전차에 대해서 자세한 기록이나 부조물을 남기지 않았다. 그러나 보아즈쾨이에서 발굴된 점토판에는 미탄니에서 온 키쿨리라는 말 조련사가 말을 교육시키고 환경에 적응시키기 위해 힘썼다는 기록이 있어 아나톨리아에도 변화의 바람이 일어났다는 추측을 가능하게 한다. 또한 보아즈쾨이에서 발굴된 전차 모양이 들어 있는 깨진 도기 조각은 히타이트 시대에 전차가 아나톨리아로 들어와 사용되고 있었음을 짐작하게 하는 것이다.

히타이트 전차는 가벼웠기 때문에 기동성이 우수했다. 전차의 몸체는 가죽을 씌운 목재였다. 몸체는 목재로 된 두 개의 바퀴를 연결한 축 위에 고정시켰다. 이집트 전차와 마찬가지로 바퀴 안에는 6개의 살이 있고, 전차는 두 마리의 말이 끌었다. 히타이트 군대가 전쟁에서 승리할 수 있었던 이유는 기존의 전차를 기동성이 있는 전차로 변화를 시도하였기 때문이었다. 히타이트의 주변 나라나 근동의 강대국들도 전차를 다 보유하고 있었기 때문에, 기동성이 탁월한 전차를 만든 것이 히타이트 군대의 승리 요인이었다. 히타이트 군대의 우수한 공격력과 방어력은 전차 부대의 기동성으로 보강될 수 있었다.

이집트 전차의 축은 몸체 뒤에 있었다. 이 때문에 전차의 속도가 빨라질수록 기동성이 높았다. 전차에는 말을 모는 병사와 창과 화살로 무장한 병사 등 두 명이 탑승했다. 이집트의 전차도 적군과의 싸움에서 중장거리 공격이 가능하고 기동성이 우수하였다. 히타이트의 경우는 어떤가? 히타이트는 공격력을 배가하기 위해 우선 몸체를 축 위에 바로 놓고 무기도 단거리 공격에 좋도록 활 대신 창을 사용하였다. 몸체를 축 위에 올려놓은 것은 속도가 빠를 경우 전차가 뒤집힐 위험도 있었지만, 기동성이 용이해 공격력을 높여주므로 전복의 위험을 상쇄하고도 남았다. 히타이트 전차에는 세 명의 병사가 탑승했다. 한 명은 말을 모는 병사, 또 한 명은 전사, 나머지 한 명은 앞의 두 명의 병사를 보호하기 위해 방패를 든 병사였다. 중무장한 히타이트 전차대는 기동성이 빠른 공격으로 적군의 보병 대열을 사분오열시킬 수 있었을 뿐만 아니라, 전차 탑승 병사의 수도 상대적으로 많아 몸으로 싸우는 백병전(白兵戰)에서도 우세할 수 있었다.

히타이트 군대는 원정시의 우수한 공격력만큼이나 방어 태세도 막강하였다. 히타이트의 방어력은 그들이 만들어놓은 도시 성곽 및 지하 통로로 이해할 수 있다. 히타이트인들은 군사적 건축물을 단순히 적군을 막기 위한 목적뿐만 아니라, 방어와 공격의 동선에 유리하도록 건설하였다. 히타이트의 수도 하투샤는 계곡과 경사로 이루어진 암석 지형으로 인해 추가적인 방어 시설 구축이 많이 필요하지는 않았다. 그러나 수도 하투샤가 남쪽으로 확장되면서 남쪽 정상의 평지에서 아래쪽으로 이어지는 부분에 방어 시설이 필요하여, 이 곳에 대규모 성곽을 건설하였다. 성곽은 두 줄로 되어 있다. 하나는 원 성곽이고 다른 하나는 보조 성곽인데, 보조 성곽은 원 성곽보다 6m 아래에 있고 높이도 원 성곽보다 낮다. 두 개의 성곽은 모두 약 30m 간격마다 사각형의 성탑을 세웠다. 히타이트인들이 보아즈쾨이 외에 다른 지역에 건설한 성곽은 모두 구조상 같은 특징을 갖고 있다. 성곽 아래에는 히타이트 군대의 비밀 통로로 사용된 것으로 보이는 지하 터널을 구축하였다. 이 지하 터널은 히타이트 군대가 적의 공격에 대응할 힘을 잃었을 때 적군을 힘들게 만들기 위해 공격시 사용한 것으로 보인다. 보아즈쾨이에 있는 것과 같은 지하 터널은 알라자회웍, 알리샤르는 물론 우가리트 등지에도 남아 있다. 이러한 방어 시설 구축에도 불구하고 히타이트는 북쪽에 있는 카쉬카족의 약탈을 막아내지는 못했다. 그러나 히타이트인들의 방어 시스템은 히타이트 이후의 민족들에게 좋은 본보기가 되었다.

카데쉬 전투

히타이트의 무와탈리 군대와 이집트의 람세스 2세 군대가 지금부터 약 3,300여 년 전인 기원전 1275년에 시리아의 오론테스 강 근처 카데쉬에서 대격전을 가졌다. 카데쉬 전투는 당시로서는 강대국 간 최대 규모의 전쟁이었고, 이 전쟁 이후 히타이트와 이집트 간에 체결한 평화 조약은 세계 최초의 국제 평화 조약이라는 점에서 중요한 의미를 갖고 있다. 히타이트와 이집트는 시리아 지역에 대한 패권을 놓고 신경전을 벌이고 있었다. 이집트의 람세스 2세는 시리아 지역에서 이집트의 지배권을 확보하기 위해 4만 명에 이르는 군대를 이끌고 원정길에 나섰다. 이집트 군대에 맞서 히타이트의 군대도 원정길에 나섰다. 히타이트의 무와탈리는 원정 지휘관으로 동생 하투실리를 내세우고 자신은 후방에서 군대를 지휘하였다. 자신에 찬 람세스 2세는 군대를 지휘하고 진군하였으나, 적진 상황을 잘 파악하지 못해 진군 중에 히타이트 전차대의 습격을 받게 되었다. 예상하지 못한 습격에 큰 타격을 받은 이집트 군대는 지원 부대의 도움으로 전열을 재정비할 수 있었다. 세계적인 대전투인 카데쉬 전투가 일어난 경위는 아래와 같다.

람세스가 이끄는 이집트 군대는 아문, 레, 프타, 셋이라 이름 붙여진 네 개 사단 규모의 병력으로 이들은 시리아 북쪽을 향해 진군하였다. 람세스 2세는 특수 호위 부대와 함께 아문 사단을 지휘하였다. 오늘날 지명으로 리블라라는 곳에서 두 명의 히타이트 병사가 이집트 군대에 투항하였다. 그들은 히타이트 군대로부터 탈출

히타이트 후기 시대 부조물로 카르카므쉬에서 발굴된 전차로 아나톨리아 문명 박물관이 소장하고 있다.

했다고 말했지만, 사실은 히타이트가 보낸 첩자였다. 도망자들은 히타이트 군대가 여기서 먼 할렙에 있다고 거짓으로 말했다. 그러나 사실은 3만 5,000명 군사와 3,500대의 전차를 이끈 무와탈리 군대는 카데쉬 가까운 홈스 남서쪽에 매복하고 있었다. 히타이트 첩자의 말을 믿은 람세스는 오론테스 강을 넘어 특수 호위 부대와 함께 평원으로 전진하면서 카데쉬 북서쪽에 도달하였다. 람세스는 그 곳에 지휘대를 설치하기 위해 멈췄다. 아문 사단 병력이 카데쉬 남쪽 평원을 지나고 있을 때, 레 사단은 오론테스 강을 건너고 있었고 나머지 프타와 셋 사단은 훨씬 뒤쪽에서 오고 있었다. 람세스는 뒤에 오는 사단 병력들이 도착하여 합류하기를 기다렸다.

그런데 도망자 두 명이 히타이트 첩자인 것을 알게 된 람세스 군대는 이들을 잡아 구타하고 사실을 말하라고 윽박지르자, 첩자들은 히타이트 병력이 카데쉬의 북동쪽에 대규모 군대와 함께 있다고 실토한다. 람세스는 즉각 이 사실을 남쪽에서 올라오고 있는 군대에게 알리고 한시 바삐 람세스가 있는 본대로 오도록 지시하였다. 바로 이때 히타이트 군대는 본대를 향해 행군 중에 있는 레 사단을 기습하였다. 히타이트 군대의 기습 작전으로 이집트 군대는 크게 패하게 되었고, 레 사단의 잔여 병력은 람세스가 있는 곳으로 도망가기 시작했다. 히타이트 군대의 기습 공격은 북쪽에 있는 아문 사단과 남쪽에 있는 레 사단을 모두 혼비백산하게 만들었다.

히타이트 군대의 공격력은 매우 강했다. 전차의 수도 이집트 군대보다 많았다. 이집트 신전에 있는 부조물에 말이 끄는 히타이트 전차에는 세 명의 전사가 타고 있다. 이집트 군은 전차 한 대에 두 명의 전사가 타고 있다. 히타이트 군대의 승리는 민첩한 통신 연락망, 정보원 활용, 기습 공격, 공격 전략 등이 우월했기 때문이다. 그러나 무와탈리의 치밀한 작전 계획으로 히타이트 군대는 초기 기습 공격에는 성공하였지만, 초기의 전승을 완전한 승리로 연결시키지 못했다. 이집트 군대가 대패하자 전투가 끝났다고 생각하고 전의가 해이해진 히타이트 군대를 향해 이번에는 남쪽에서 고도로 훈련된 이집트 군대가 기습 공격을 가해왔다.

사실, 이 전쟁은 어느 한쪽이 완승을 거두지 못한 채 끝나게 되었다. 아무리 이집트가 이 전쟁의 승리자는 람세스라고 강조하더라도 결과는 무승부였다. 무승부지만 그래도 승자를 고르라면 그 승자는 무와탈리였다. 이집트의 람세스 군대가 전쟁 후 모두 카데쉬에서 철수하였지만 히타이트 군대는 시리아 중앙까지 진군하여 이 지역을 약탈하였고, 히타이트와 이집트 간 싸움의 원인을 제공한 아무르 왕국이 히타이트 편으로 돌아왔을 뿐 아니라, 이 전쟁 이후 두 강대국 간 평화 조약이

히타이트의 하투실리 2세와 이집트의 람세스 2세 간에 체결된 평화 조약 점토판으로 이스탄불 고고학 박물관에 전시되어 있다. 국가 간 체결된 세계 최고의 평화 조약으로 당시 국제 외교어인 아카드어로 기록되었다.

체결된 점을 고려해본다면, 승자는 히타이트 군대가 된다.

전쟁이 끝나고 16년이 지난 후 히타이트와 이집트 간에 평화 조약이 체결되었다. 기원전 1259년이었다. 히타이트는 무와탈리 왕 이후에 무르실리 3세를 거쳐 하투실리 3세가 왕이 되었고, 이집트는 람세스 2세가 계속 왕위에 있었다. 하투실리는 조카와의 권력 다툼으로 비정상적인 방법으로 왕이 되었다. 하투실리는 과거 텔리피누 칙령으로 왕위 승계법이 있었음에도 불구하고 합법적이지 못한 방법으로 무르실리 3세를 몰아내고 왕이 되었다. 하투실리가 이집트와 평화 조약을 체결하게 된 동기가 무엇인지 잘 알 수 없지만, 왕위의 정통성을 강조해야 할 필요성이 있는 상황에서 강대국인 이집트와 연합 세력을 모색하는 것은 대내외적으로 안정을 가져올 것이라고 판단했을지도 모른다.

양 강대국 간에 조약을 체결하기 위한 최초의 외교적 평화 교섭이 어떻게 이루어졌는지 알려진 것이 없다. 그러나 조약문에 하투실리의 아내인 푸두헤파 왕비의 인장이 찍혔다는 사실은 조약 체결에 푸두헤파 왕비의 역할이 있었음을 암시해주고 있다. 평화 조약문은 당시 국제 외교 언어인 아카드어로 은판에 새겨졌다. 조약문 원본인 은판은 발견되지 않고 있으나, 히타이트인들이 설형 문자로 만든 점토판 복사본은 터키에 남아 있다. 또 다른 복사본은 뉴욕에 있는 유엔 본부에 걸려 있다. 이집트는 이 조약문을 룩소에 있는 람세스 신전과 카르낙 신전 벽에 이집트어로 기록해놓았다. 이 조약은 체결 당사국 간 평등 원칙 아래 체결된 가장 오래된 조약이며, 다국적 언어로 기록된 고문서라는 특징을 갖고 있다. 평화 조약문은 양국 간 불가침 조항, 도망병 인도에 관한 사항과 쌍방 중 일방이 타국의 침략을 받으면 상호 지원한다는 등의 내용을 담고 있다. 터키에 남아 있는 조약문 복사본은 21조로 되어 있는데, 그 내용은 아래와 같다.

히타이트와 이집트 간에 체결된 평화 조약 내용

제1조 : 서문, 보낸 측과 받는 측, 조약의 목적(형제애와 우애).
제2조 : 양측 관계의 약사.
제3조 : 람세스와 하투실리 연합했다.

람세스는 하티를 침략하지 않는다.

하투실리는 이집트를 침략하지 않는다.

제4조 : 람세스는 수필룰리우마와 무와탈리 왕 때 체결한 조약을 인정한다.

제5조 : 람세스는 하투실리를 외부 적에 대항하여 지원한다.

람세스는 하투실리를 내부 적에 대항하여 지원한다.

제6조 : 하투실리는 람세스를 외부 적에 대항하여 지원한다.

하투실리는 람세스를 내부 적에 대항하여 지원한다.

제7조 : 람세스는 하투실리의 아들이 왕이 되는 것을 보증한다.

제8조 : 람세스는 고급 군사 도망자를 하티에 인도한다.

람세스는 하급 군사 도망자를 하티에 인도한다.

제9조 : 하투실리는 고급 군사 도망자를 이집트에 인도한다.

하투실리는 하급 군사 도망자를 이집트에 인도한다.

제10조 : 람세스는 직무를 이탈한 고·하위급 도망자를 하티에 인도한다.

제11조 : 하투실리는 직무를 이탈한 고·하위급 도망자를 이집트에 인도한다.

제12조 : 람세스는 도망자를 인도하나, 하티는 이들을 형벌하지 않는다.

제13조 : 하티는 도망자를 인도하나, 이집트는 이들을 형벌하지 않는다.

제14조 : 제8조항을 다시 강조.

제15조 : 제9조항을 다시 강조.

제16조 : 서약에 동참한 신들의 목록.

제17조 : 조약을 지키지 않는 하투실리와 히타이트인들에게 저주.

조약을 지키는 하투실리와 히타이트들에게 축복.

제18조 : 조약을 지키지 않는 람세스와 이집트인들에게 저주.

조약을 지키는 람세스와 이집트인들에게 평안.

제19조 : 조약을 지키는 자에게 평안.

제20조 : 조약을 깨는 자에게 저주.

제21조 : 인장.

* 위 조약문은 본문 내용을 요약한 형태임.
* 자료 : Hititler. Bonn, 2002.

히타이트의 갑작스런 멸망

히타이트의 멸망은 정말 너무 갑자기 이루어졌다. 역사학자들은 히타이트를 침략한 민족을 북방 민족 또는 해상 민족이라고 적고 있다. 그들이 누구였는지에 대해 만족할 만한 규명을 내놓지 못하고 있다. 육상과 해상을 통해 침략자들이 아나톨리아로 들어왔다. 이들 침략자들에 대한 기록은 유일하게 이집트에 남아 있다. 이집트의 람세스 3세는 룩소의 메디네 하부 신전 벽에 공포의 침략자들을 묘사하면서 이렇게 적었다.

"하티 나라에 속한 어떤 왕도 이 침략을 막지 못했다. 코데(키주와트나), 카르카므쉬, 아르자와, 알라시야가 폐허가 되었다. 아무르 왕국도 다른 곳에 사령부를 세웠다. 우마차와 배로 진격하는 이 민족들은 가는 곳마다 사람들을 죽였다. 이들 침략자들은 불을 지르며 이집트를 향해 쳐들어왔다."

이집트의 나일 강에서 일어난 이 싸움은 람세스 3세 즉위 8년째 되는 해에 일어난 것으로 보아 히타이트가 패망한 연도는 기원전 1190년대가 될 것으로 추정하고 있다. 히타이트의 수도 하투샤의 발굴 작업 결과, 하투샤는 불에 완전히 타 폐허가 된 것으로 확인되었다. 하투샤가 멸망한 이유는 분명 한두 가지가 아닐 것이다. 히타이트의 마지막 왕인 수필룰리우마 2세 시대에 하투샤 왕실 내 사정도 불안하였다. 당시 점토판 기록관 대장이 수필룰리우마에게 충성 서약을 하면서 남겨놓은 기록을 보면, 왕실에 반대하는 세력이 거세져 왕실의 권위가 세워지지 않은 것으로 보인다. 내부적으로는 하투샤 왕실의 불안정 상황이 계속되고 있을 때, 외부에서 쳐들어오는 침략 세력에 의해 하투샤는 힘없이 무너지고 말았다.

터키의 고고학자 에크렘 아쿠르갈은 자신의 저서에서 불확실한 히타이트의 마지막 상황을 이렇게 재현해놓았다.

"아나톨리아 서쪽에 있던 트로이 6층 거주지가 기원전 1240년경 폐허가 되자, 오래 전부터 아나톨리아 땅에 눈독을 들이고 있던 발칸 민족들이 아나톨리아에 발을 디디기 시작했다. 발칸 민족들은 먼저 트로이(7층 b2)를 멸망시킨 후 난공불락(難攻不落)인 하투샤를 그냥 둔 채 먼저 아나톨리아 남동부 쪽으로 진격하였다. 그들은 카르카므쉬를 정복하고 시리아를 넘어 아무르를 지나 이집트로 향했다. 다른 한편으로는 해상 민족이 배를 타고 알라시아(키프로스)를 점령하고, 이집트 해안으로 향했다. 홍수와도 같은 이방 민족들의 이주와 공격은 이집트까지 이르는 데 10~20년이 걸렸다. 말이 끄는 전차와 군대의 물결 속에 우마차에 탄 어린애와 여자들의 행렬도 계속되었다. 마침내 하투샤도 불질러지고 폐허가 되었다."

4부
히타이트 역사가 남아 있는 주요 명소

보아즈칼레(하투샤)

하투샤는 히타이트 제국의 수도 이름이며, 하투샤의 현재 지명은 보아즈칼레이다. 또 보아즈칼레는 원래 보아즈쾨이였는데 인구 증가로 인한 행정 구역 개편으로 1982년에 보아즈쾨이는 보아즈칼레가 되었다. 터키어로 '보아즈'는 목이라는 뜻이고 '쾨이'는 촌(村)이라는 뜻이다. 아마도 하투샤가 협곡을 사이에 두고 있었기 때문에 목이 죄인 지형에 자리한 마을이라는 뜻에서 이런 이름이 붙여졌는지 모른다. 보아즈칼레의 '칼레'는 성(城)이라는 뜻인데, 하투샤에 성곽이 있으므로 이에 걸맞게 잘 붙여졌다.

하투샤는 앙카라에서 동쪽 250㎞ 지점에 위치한다. 앙카라에서 흑해 도시 삼순 쪽으로 길을 가다 보면 조그만 읍도시 순구룰루를 지나 오른쪽 도로로 들어가면 하투샤가 나온다. 하투샤는 1906년부터 시작된 고고학자들의 발굴 작업으로 세상에 알려진 고대 히타이트의 도시이다. 하투샤가 완전히 다 땅속에 묻혀 있었던 것은 아니다. 성곽이나 성문은 언덕의 정상 부분에 있었으므로 그대로 남아 있었다. 그러나

→ 야즐르카야

뵤아즈칼레

뷔윅카야

대신전

아랫도시

뷔윅칼레

남쪽 성곽

니샨타쉬

샤르칼레

윗도시

사자의 문

대왕의 문

신전

신전

신전

N

스핑크스의 문

하투샤 약도.

왕궁이나 신전 등은 모두 땅속에 묻혀버렸기 때문에 고고학자들이 이들을 발굴해 내었다. 2003년 현재 보아즈칼레의 인구는 8,200명인데, 이 곳에서 살았던 사람들도 돌이 많아 경작지로도 쓸 수 없는 하투샤에 관심을 두지 않아 이 곳은 버려진 땅이 되어 있었다. 고고학자들이 이 곳을 발굴하기 전까지 이 곳은 어느 누구의 관심도 끌지 못하는 황폐한 돌산일 뿐이었다.

하투샤를 세상에 처음 알린 사람은 건축가이자 여행가인 프랑스 사람 샤를르 텍시에였다. 그는 1834년에 이 곳을 여행했다. 이어 1893~94년에 에르네스 샹트르가 발굴로 점토판을 발견한 이후 수많은 유럽 학자들이 이 곳을 찾았다. 1906년에 당시 오스만 제국 박물관장인 마크리디가 주도하고 독일인 아시리아 전공 학자 위고 빙클러가 참여한 하투샤 발굴 작업이 시작되었다. 그 후 간헐적인 발굴 작업이 있었으나, 1952년부터 현재까지 독일 고고학 연구소가 발굴 작업을 시행하고 있다.

고고학자들의 연구 결과에 따르면, 하투샤에서 사람이 살았던 흔적은 기원전 6000년경 금속 병용기 시대로 거슬러 올라간다. 이 곳에서 인간이 상주한 시기는 기원전 3000년 경 고대 청동기 시대이다. 하티인들이 이 곳을 수도로 삼아 살았는데, 그들은 이 곳을 하투쉬(하투샤)라고 불렀다. 기원전 20세기경 중부 티그리스 강 유역에서 아나톨리아로 유입한 아시리아 상인들은 하티인들의 거주지 바로 옆에 카룸이라 불리는 시장을 세웠다. 기원전 1700년경 하티인들의 거주지인 하투샤를 쿠사라 왕국의 아니타 왕이 정복하고 폐허로 만들었다. 쿠사라 왕국은 히타이트 왕국의 시조로 알려지고 있다. 기원전 1600년대 중반에는 히타이트의 하투실리 1세 왕이 이 곳을 수도로 정하고 도읍하였다.

하투샤는 돌이 많은 준산악 지형이다. 도시 외곽으로 계곡이 있고, 곳곳에 암석

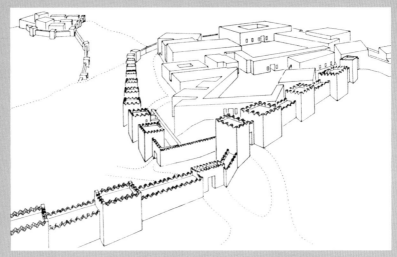
하투샤의 뷔윅칼레를 재현한 모형도.

이 있어 비탈이나 경사진 곳이 많고, 이 때문에 움푹 파인 지형이 많아 건축물을 짓기에는 어려운 곳이다. 그런데 왜 히타이트인들은 이 곳을 수도로 정하였을까? 그것은 하투샤가 갖는 자연적인 방어력 때문이었다. 도시 중심 외부로는 협곡이 있어 이 협곡이 자연적인 방어 시스템을 구축하여 적들이 쉽게 접근하기가 어려웠고, 하투샤가 완만한 경사지를 타고 올라간 언덕 위에 자리하고 있어 사방으로 관측이 쉬웠다. 협곡으로부터는 풍부한 물을 지원받았고 눈 앞에 보이는 농작지로부터는 충분한 식량을 공급받을 수 있었다. 하투샤의 북쪽 계곡에서 아래 쪽을 내려다보면 넓은 평원이 한눈에 들어온다. 여름철에 보면 사방이 누런 밀밭이다. 아무리 방어력이 좋아도 물과 식량을 공급받을 수 없다면 이 곳에 도시를 세울 수 없었을 것이다.

192

하투샤 입구에 있는 안내판. 하투샤가 유네스코 세계 문화 유산으로 지정되었다고 설명하고 있다.

　하투샤 최초의 성벽은 기원전 16세기 초 한틸리 왕 때 현재의 뷔윅칼레에 축성되었다. 이후 100년 후 투탈리야 1세 때 흑해 북쪽의 카쉬카족이 하투샤를 불태우고 약탈하였다. 하투샤는 얼마 안 가 재건되었다. 성문이 있는 상도시(上都市)는 기원전 15세기 후반 히타이트 제국 시대로 들어간 이후부터 확장 발전되었다. 도시 성곽의 길이는 약 6㎞이며, 13세기 전성기에 이르러 하투샤의 면적은 167만㎡ (약 50만 평 규모) 정도로 커졌다.

　하투샤는 경사면의 아래쪽, 즉 북쪽 지역의 하도시와 경사면의 위쪽, 즉 남쪽 지역의 상도시 두 개 지역으로 되어 있다. 이 두 지역이 다른 지역에 있는 것이 아니라 다 하투샤 성 안에 있는 지역이다. 하도시는 히타이트 왕국 시대의 도시이고 상도시는 히타이트 제국 시대에 들어 도시를 확장하면서 세워진 곳이다. 하투샤는

하투샤에 있는 사자의 문.

1986년에 유네스코에 의해 세계 문화 유산으로 지정되었고, 이 곳에서 발굴된 점
토판은 2001년에 세계 기록 유산으로 지정되었다.

상도시에는 세 개의 성문이 있다. 남서쪽에 있는 '사자의 문', 남쪽 정상에 위
치한 '스핑크스의 문'과 사자의 문 반대편에 있는 '대왕의 문'이 그것이다. 성문
이름은 히타이트인들이 붙인 것이 아니라, 하투샤 발굴단이 그 곳에 있는 석조물
을 보고 붙인 이름이다. 하투샤 성곽 내에 유일하게 있는 모습을 그대로 잘 보여주
고 있는 곳이다. 성문은 모두 사방 네 군데에 돌로 쌓은 기둥을 만들었기 때문에
성문을 들어서면 현관 같은 가로 세로 10, 15m의 사각형의 공간을 두고 있고, 아치
형으로 만든 것이 특징이다. 문은 목재로 되었고 두 쪽으로 된 문은 밖에서 안으로

들어갈 경우 문이 안쪽으로 열리게 되어 있었다. 지금은 일부 돌기둥과 사자, 스핑크스, 히타이트 전사의 신 같은 부조물만 남아 있다.

남서쪽에 있는 사자의 문은 기원전 13세기경 만들어졌다. 3,000여 년이 지났지만 두 마리의 사자는 크게 훼손되지 않은 채 포효(咆哮)하며 앞의 벌판을 내려다보고 있다. 큰 돌을 삼면에서 깎아 사자상을 조각했는데, 입을 크게 벌리고 눈이 크게 파여 있어 사자의 위엄을 지금도 느낄 수 있다. 왼쪽 사자 상은 오른쪽 사자에 비해 많이 손상되었고, 왼쪽 사자 머리 오른쪽에는 상형 문자가 희미하게 보인다.

사자의 문을 지나 남쪽 정상에는 지상의 문과 스핑크스의 문이 두 개가 거의 같은 자리에 있다. 원래 이 자리에는 성 안으로 들어가는 스핑크스의 문만이 있었으나, 히타이트 제국의 마지막 왕인 수필룰리우마 2세가 스핑크스의 문 안쪽에 높고 경사진 방어벽을 쌓고 그 밑으로 지하 터널을 만들었는데 이를 지상의 문이라고 부른다. 지하 터널은 어른 손 5~6뼘쯤 되는 큰 돌로 축조되어 높이가 3~3.3m이며 길이가 71m이다. 흙과 돌로 쌓은 방어벽은 35도 경사 각도로 축조되었으며, 폭 80m, 높이 15m, 길이가 250m나 된다. 지하 터널과 커다란 방어벽이 구축됨으로써 스핑크스 문이 제 역할을 할 수 없게 되었다.

스핑크스 문은 이집트의 영향을 받아 세워졌다. 스핑크스 문에는 안쪽에 두 개, 바깥쪽에 두 개 등 총 네 개의 스핑크스가 있었다. 그런데 현재는 성 바깥쪽의 왼쪽에 있는 스핑크스만 제 자리를 지키고 있다. 그나마 몸통 부분이 크게 훼손되어 있어 설명이 없이는 스핑크스라고 보기 어렵게 되었다. 성 밖 오른쪽에 있는 스핑크스는 아예 행방 불명이다. 안쪽에 있는 두 개의 스핑크스는 1907년 하투샤에서 발굴이 시작될 때 보존 상태가 좋지 않아 복구한다는 명목으로 각기 다른 박물관으로 옮겨졌는데, 문 안의 왼쪽에 있던 스핑크스는 이스탄불의 근동 박물관으로,

오른쪽에 있던 스핑크스는 베를린 박물관으로 옮겨져 현재 이들 박물관에서 전시되고 있다.

　스핑크스 문이 있고 지상의 문이 있는 남쪽 정상은 성 안은 물론 성 밖이 가장 잘 보이는 곳이다. 정상의 위치에서 성 안을 바라보면 왼쪽에 사자의 문이 오른쪽에 대왕의 문이 보인다. 양팔을 45도로 벌리면 바로 그 위치에 성문들이 있다. 하투샤의 성벽은 지상의 문 바로 위로 지나간다. 스핑크스 문에서 성 안을 보면 하얀 돌들이 많이 보이는데 신전을 발굴한 흔적들이다. 이것이 모두 신전이다. 히타이트 왕들이 출정에서 돌아오면서 그 곳의 신상들을 다 약탈해 가져와 이 곳에다 모셨기 때문에 하투샤 성 안에는 신전이 많이 발굴되었다. 지금까지 31개의 신전이 발굴되었다.

　사자의 문 반대편, 동남쪽에 위치한 대왕의 문은 크기나 건조 양식 면에서 사자의 문과 아주 흡사하다. 대왕의 문 안쪽 기둥에는 전사의 신 한 명이 부조되어 있다. 고고학자들은 처음에 이 사람이 누구인지 잘 몰랐다. 그 당시에는 히타이트 전사라 여겼는데, 헬멧에 새겨진 뿔이 신의 상징물이라는 점이 확인되어 비로소 그를 신으로 알게 되었다. 발 끝에서 헬멧까지 2.25m이다. 대왕의 문에 있는 전사의 신상은 원형을 그대로 재현한 모조품으로 원형은 아나톨리아 문명 박물관에 전시되어 있다. 헬멧을 쓰고 짧은 치마 같은 바지에 왼손은 주먹을 불끈 쥐고 있으며, 오른손에는 도끼를 들고 있는 전사의 모습이다. 짧고 퉁퉁한 다리의 근육도 잘 묘사되어 있다.

　대왕의 문 아래 있는 남쪽 성의 남동쪽 아래에는 인공 저수지가 두 군데 있다. 지금은 물이 없고 흔적만 표시되어 있을 뿐이다. 하투샤의 수원지였던 이 저수지의 크기는 가로와 세로가 각각 60m, 90m 정도이다. 첫 번째 호수의 서쪽과 북쪽에

대왕의 문에 있는 전사의 신상으로 원형은 현재 아나톨리아 문명 박물관에 전시되어 있다.

는 모서리가 있는 쪽으로 석실(石室)이 각각 한 개씩 있다. 이 제실들은 발굴 초기에는 무덤인 것으로 알았었는데, 이 곳에 있는 상형 문자 해독을 통해 "지하 세계로 들어가는 입구"임이 확인되었다.

　두 번째 제실에는 루비 상형 문자가 새겨져 있다. 깊이 4m, 높이 3m의 아치형으로 된 석실 끝벽에는 이집트 생명의 신 앙크가 새겨져 있다. 망토를 입은 앙크신의 머리 위에는 양쪽에 날개 달린 태양이 있고, 왼손에는 장대를 오른손에는 생명을 주는 상징물을 들고 있다. 석실의 왼쪽 벽에는 히타이트 제국의 마지막 왕 수필룰리우마가 새겨져 있다. 그는 머리에 신들이 쓰는 원추형 뾰족 모자를 쓰고 허리 벨트에는 칼을 차고, 오른손에는 창을 왼손으로는 어깨에 활을 메고 있다. 왕의 이름은 부조물 앞에 루비 상형 문자로 새겨져 있다. 히타이트 왕은 죽은 후에 신이 되어 뾰족 모자를 쓸 수 있었지만, 수필룰리우마는 살아서도 신으로 받들어졌다는 것을 알 수 있다.

그 반대편 석벽에는 루비어 상형 문자가 새겨져 있다. 루비어 상형 문자는 황소가 쟁기질하는 것처럼, 처음에 왼쪽에서 오른쪽으로 읽으면 그 다음 줄은 오른쪽에서 왼쪽으로 읽어야 한다. 루비어 상형 문자 기록은 수필룰리우마 왕이 타르훈타쉬샤를 포함하여 정복한 땅을 신에게 알리고 신의 도움을 청하는 한편, 신에게 제물을 바친 것을 알리는 내용이며, 지하 세계로 들어가는 길이라는 표현도 들어 있다. 이 곳은 지하 세계로 들어가는 하나의 상징으로 제의 행사 때 사용한 것으로 보인다.

남쪽 성 앞에는 니샨테페라 불리는 언덕이 있다. 니샨테페에는 암석에 루비 상형 문자가 새겨진 니샨타쉬가 있다. 터키어로 니샨은 상징 또는 목표물이고 타쉬는 돌이라는 뜻이다. 암석의 길이는 8.5m로 11줄의 문자가 새겨져 있다. 보존 상태가 불량하며 아직도 완전히 해독이 안 되어 있다. 첫 번째 줄에는 제국의 마지막 왕인 수필룰리우마의 이름이 나온다. 그리고 그의 아버지 투탈리야 4세, 할아버지인 하투실리 3세의 이름도 함께 있다. 이 암석에는 수필룰리우마 2세가 투탈리야 4세를 위해 야즐르카야에 신전을 만들고 알라시야와 싸워 이긴 전승 등이 기록되어 있다.

니샨타쉬의 북쪽이자 뷔윅칼레 왕궁 앞 지역에서는 여러 개의 공공 건물이 있었음이 확인되었다. 이 곳에서는 약 3,000개가 넘는 인장이 발굴되었다. 왕이나 왕비, 관리들이 공문서에 사용했던 인장들이 무더기로 이 곳에서 나왔다. 인장은 흙이나 금속으로 만들었으나, 하투샤가 대화재로 재가 된 데다가 오랜 기간 땅속에서 부식된 관계로 금속으로 된 인장은 나오지 않았다.

북쪽의 평원이 훤히 내려다보이는 곳에 뷔윅칼레가 있다. 터키어로 뷔윅은 큰 또는 위대한이라는 형용사이고, 칼레는 성이라는 뜻이다. 이 곳은 고대 하투샤에서 가장 높은 곳이다. 사방을 다 깎아놓은 듯한 고원 위에 도시가 형성되었다. 이 곳은 기원전 3000년경 초기 청동기 시대에 사람이 거주하였으며, 히타이트인들이 정착하면서 도시가 발전되었다. 이 곳에는 왕궁과 왕의 저택, 왕의 접견실, 관리와 시종들의 사무실 및 주택, 신전 등이 있었다. 이들 건물이 있던 자리에는 작은 돌들로 기반만 표시해놓았는데 지역이 넓은 편이라 한눈에는 다 들어오지 않는다. 특히 1906년 발굴 작업시 왕의 저택, 관리 사무실 및 문서고 건물이 있는 자리에서 다량의 점토판이 발견되었다.

하투샤의 입구는 하도시 지역으로 이 곳에는 하투샤에서 제일 큰 대신전이 있는 곳이다. 대신전의 규모는 2,730㎡이고, 창고 및 부속 건물을 다 포함하면 14,500㎡이다. 신전은 목재로 기둥을 열주(列柱) 형태로 세우고, 벽과 지붕은 흙으로 마무리하는 건축 방식으로 세워졌다. 신전 안에는 위가 트인 넓은 중정(中庭)이 있다. 제의 행사는 이 중정에서 치러졌으며, 제의 행사나 종교 축제에 참가하는 사람들은 다 중정에 모였다. 신전에 깔린 큰돌에는 원형의 조그만 구멍이 있는데, 이것이 돌과 돌을 연결하기 위해 청동 못을 박았던 자리이다. 대신전 바로 옆에는 아시리아인들이 세운 시장, 카룸의 흔적이 남아 있다.

야즐르카야

야즐르카야는 하투샤에서 북동쪽으로 2㎞ 떨어진 곳에 있다. 터키어로 야즐르는 '글이 씌어 있는'이라는 뜻이며 카야는 '돌'이므로, 야즐르카야는 글이 씌어 있는 돌이라는 뜻이다. 야즐르카야는 글자 그대로 글씨와 그림이 돌에 새겨져 있는 곳이다. 이 곳에는 큰 암석에 신의 모습이 새겨져 있는데, 주로 신년 종교 축제가 열렸던 곳이다. 야즐르카야는 두 개의 석실이 있다. 석실은 우리가 생각할 수 있는 사방이 닫혀진 방이 아니라, 자연 형태의 방으로 위쪽으로는 트여 있어 하늘이 보인다. 이 곳에 있는 큰 돌의 높이는 12m에 이른다.

야즐르카야도 하투샤와 마찬가지로 1834년 프랑스인 샤를르 텍시에가 이 곳을 여행하고 처음으로 세상에 소개하였다. 그가 이 곳을 여행할 때 스케치한 그림이 히타이트 역사 책 곳곳에 인용되고 있다. 그가 스케치한 당시의 야즐르카야 모습이나 지금의 모습이나 달라진 것이 하나도 없다. 아마 돌에 새겨진 신상들이 그 때에 비해 더 풍상에 마모되었을까? 텍시에의 야즐르카야 스케치에는 암석 앞에 서 있거나 앉아 있는 오스만 제국의 촌부 세 명과 두 개의 암벽 사이로 창공을 비상하는 독수리 같은 새 한 마리가 부대상물로 들어가 있다. 한가한 산촌의 모습이 보인다. 스케치에는 야즐르카야의 특징이 잘 표현되어 있다.

원래는 암석 앞에 흙벽돌과 나무 기둥으로 세워진 신전 건물이 있었으나 건물은 남아 있지 않고 암석만 남아 있다. 야즐르카야 암석 앞에 가면 바로 돌에 새겨

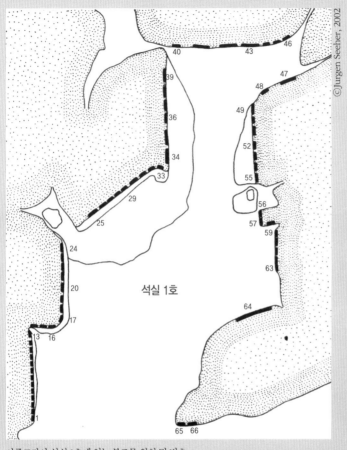

야즐르카야 석실 1호에 있는 부조물 위치 및 번호

진 부조물이 보인다. 이 곳이 제1호 석실이다. 방의 형태는 우리의 ㄷ 자를 90도 시
계 방향으로 회전시킨 형상이다. 왼쪽 암석 벽에는 아래 그림 중 36번과 37번을 제
외하고는 모두 남자 신들이며, 오른쪽에는 여자 신들이 새겨져 있다. 입구 왼쪽에

201

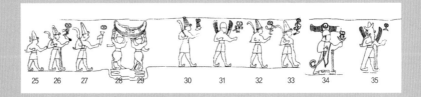

1~66번까지는 석실 1호에 있는 부조물.

202

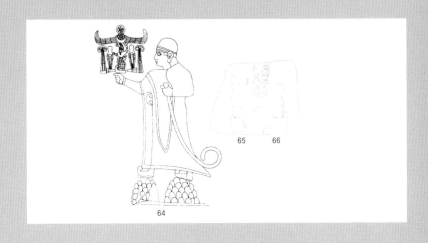

새겨진 1~12번의 신은 지하의 신으로, 신들은 모두 치마처럼 보이는 짧은 바지를 입고 있고 끝이 뾰족한 원추형 모자를 쓰고 있다. 마치 우리의 버선같이, 신발 끝이 위로 치켜 올라간 신발을 신고 있으며, 어깨에는 낫같이 생긴 칼이나 철퇴를 메고 행진하는 모습이다.

주름진 스커트를 입고 있는 13~15, 16a와 17번은 산의 신이다. 어깨에 날개를 단 31, 35, 38번 신들은 각각 피린키르 신, 달의 신, 샤우쉬카 신이다. 달의 신 뒤에 있는 34번은 하늘의 태양 신으로 머리 위에 날개 달린 태양이 새겨져 있다. 비교적 잘 보이는 28과 29번은 땅을 상징하는 상징물 위에 서서 머리 위로 하늘을 상징하는 초승달을 들고 있는 황소 사람이다. 남자 신들이 있는 왼쪽 암석에 포함된 여자 신은 36번과 37번으로 샤우쉬카 신의 시종인 니나타와 쿨리타이다.

오른쪽 암석에 있는 여자 신들은 주름진 치마를 입고 끝이 뾰족한 신발을 신고 있으며, 귀걸이를 하고 높은 사각형의 모자를 쓰고 있다. 옆모양으로 부조된 여자 신들은 모두 앞을 똑바로 쳐다보고 엄숙한 분위기로 걸어가고 있다. 제1호 석실의 최고 부조물은 42번과 43번으로 최고의 신, 부부가 만나는 장면이다. 42번은 풍우신 테슙이며, 43번은 태양의 여신 헤파트로 이들은 부부간이다. 수염 달린 풍우신 테슙은 두 명의 산의 신의 어깨를 밟고 서 있으며 큰 창을 들고 있다. 테슙과 헤파트의 뒤에는 뾰족 모자를 쓴 날뛰는 황소 한 마리가 각각 있다. 헤파트 여신 뒤에 있는 44번은 테슙과 헤파트 사이에서 태어난 아들 샤루마이다. 샤루마는 사자 같은 야생 동물의 등 위에 서 있다. 두 명의 여자 신인 45, 46번은 각각 샤루마의 여동생 알란주와 풍우신 테슙의 손녀이다. 이들은 머리가 두 개 달린 독수리 위에 있다. 이들의 신분은 신들의 얼굴 앞이나 쭉 뻗은 손 위에 있는 루비어 상형 문자 해독으로 확인되었다. 계란형의 두 개의 원 안에 수직선 두 개가 있는 문자(⊕)는 신이라는 뜻이고, 온천장 표시 같은 것(〰)은 풍우신이라는 뜻이다. 여기에 등장하는 모든 신의 이름은 후리식 이름으로 후리 나라의 문화가 히타이트 문화에 크게 영향을 주었음을 의미한다.

신들의 바로 맞은편에 있는 오른쪽 64번은 신이 아닌 히타이트의 대왕 투탈리야 4세이다. 왼쪽에 있는 34번 태양의 신과 외양 면에서 거의 똑같다. 긴 망토를 입은 투탈리야 대왕은 끝이 올라간 신발을 신고 둥근 모자를 쓰고 있다. 왼쪽 손에는 아래 끝 부분이 둥근 왕홀을 쥐고 있다. 오른쪽 손 위에 있는 상형 문자는 이름과 관직을 나타낸다. 제단으로 보이는 탁자를 사이에 두고 앉아 있는 65, 66번 신은 마모와 훼손이 심해 그들의 머리 부분에 있는 상형 문자를 읽을 수가 없다. 뾰족한 모자를 쓴 65번은 남자 신이고, 사각형의 모자를 쓴 신은 여자 신이다.

제2호 석실은 조그만 통로를 통해 들어가야 한다. 이 방은 길이가 18m이며, 폭은 북쪽이 4m, 남쪽이 2.5m이다. 이 방의 부조물은 1호 석실보다 보존 상태가 양호하다. 암석으로 가려져 외부에 노출되지 않았기 때문인 것으로 보인다. 좁은 통로를 사이에 두고 양쪽에 큰 암석이 똑바로 서 있다. 이 방은 마지막 대왕인 수필룰리우마 2세가 선왕인 아버지 투탈리야 4세의 업적을 기리기 위해 만들었다.

북쪽 입구에는 동상을 세운 듯한 석회암 기반이 놓여 있다. 기반에 발을 놓은 흔적으로 판단하면 동상의 크기는 3m 정도인 것으로 보인다. 이 동상은 어디 있는지 행방불명이다. 오른쪽 암석 벽에는 행진하고 있는 12명의 지하의 신들(69~80번)이 있다. 스커트 같은 바지를 입고 있는 신들은 앞끝이 올라간 신발을 신고 벨트를 메고 있다. 어깨에는 반달형 칼을 메고, 머리에는 신을 상징하는 원추형 모자를 쓰고 있다.

반대편에는 세 개의 부조물이 있다. 첫 번째는 샤루마 신이 투탈리야 4세 대왕을 팔로 안고 있는 81번 부조물이다. 신에게 안긴 투탈리야 4세의 모습은 1호 석실의 64번 부조물과 같은 형상이다. 샤루마 신은 왕에 비해 상당히 크게 부조되었는데, 벨트를 맨 짧은 스커트를 입고 있으며 끝이 곱슬한 긴 머리카락이 등 뒤로 내려와 있다. 왕의 어깨에 와 있는 샤루마 신의 왼손은 왕의 팔목을 잡고 있다. 신의 머리 뒤쪽에 있는 상형 문자는 왕의 이름과 관직명을 나타낸다. 왼쪽의 문자는 샤루마 신을 뜻한다. 사람의 머리 아래 사자 네 마리가 칼 집 위에 있는 82번은 칼의 신, 또는 지하 세계의 신 네갈인 것으로 추정한다.

83번은 투탈리야의 이름과 왕을 나타내는 상형 문자이다. 1호 석실의 64번에 있는 것과 같은 것이다. 양쪽에 날개 달린 동그란 태양은 왕을 상징하고, 그 아래 옆으로 누인 부츠 모양 같은 것 위에 주름진 치마를 입고 있는 산의 신이 포함된 문자는 '투'를 나타낸다. 그 양 옆에 꽃 위에 놓인 펜촉 같은 칼 모양의 문자는 대왕

69~80

67~68

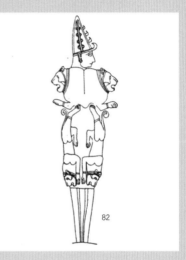

82

83

81

← 석실 2호에 있는 부조물들. 맨위 69~80번은 지하의 신의 행렬. 67~68번은 사자 얼굴에 날개 달린 사람 형상으로 석실 2호 입구에 위치하며 석실을 보호한다는 의미인 것으로 보인다.

↑ 석실 2호에 있는 81번 부조물. 샤루마 신이 투탈리야 3세 대왕을 팔로 안고 있는 모습.

이라는 뜻의 라바르나를 뜻하며, 또 그 양쪽에 있는 이오니아식 기둥 같은 문자는 위대한 왕이라는 뜻이다. '투'는 투탈리야의 약자로 해석하여, 결국 '위대한 대왕 투탈리야'라는 뜻이다.

아나톨리아 문명 박물관

터키의 수도 앙카라에 있는 아나톨리아 문명 박물관은 고대 인류 역사와 문화를 보유하고 있는 중요한 박물관이다. 울루스의 앙카라 성 옆에 위치한 박물관은 규모는 작지만 박물관이 소장하고 있는 전시물의 내용을 들여다보면 세계적인 수준급이다. 그래서 68개 박물관 대표가 참여한 1997년 스위스 로잔의 세계 박물관 회의에서 아나톨리아 문명 박물관이 최우수 박물관으로 1위를 차지하였다. 아나톨리아 문명 박물관에 있는 고대 시대의 유물의 가치를 세계인들이 인정해준 것을 의미한다.

이 박물관은 원래 오스만 제국이 콘스탄티노플(현재의 이스탄불)을 정복할 시기인 15세기 후반에 오스만 제국의 앙카라 도지사인 마흐뭇 파샤의 명에 따라 세워졌다. 이때 세워진 건물은 그의 이름을 딴 마흐뭇 파샤 옥내 시장 건물과 쿠르스훈루 여관 등 두 동(棟)이었다. 이 건물들은 전통적인 오스만 터키 건축 양식을 따랐다. 건물 안에는 큰 중정이 있고 천장에는 10개나 되는 돔이 있다. 시장과 여관이 같이 있는 이유는 앙카라가 실크로드를 따라 움직이는 상인들이 지나가는 길목이었기 때문이다.

폐허 상태로 남아 있던 두 채의 건물이 박물관으로 바뀌게 된 계기는 터키 공화국의 국부인 무스타파 케말 아타튀르크가 히타이트 박물관을 만들라는 지시로 인해서였다. 당시에 아타튀르크는 아나톨리아 반도에 엄청난 인류 문화 유산을 남긴

앙카라에 있는 아나톨리아 문명 박물관 전경.

1997년 세계박물관회의에서 최우수 박물관으로 1위를 차지한 아나톨리아 문명 박물관.

히타이트에 대해 각별한 관심을 갖게 되었고, 학자들에게는 히타이트가 터키인의 시조라는 것을 밝히는 연구를 하도록 하였다. 물론 이 연구는 학자들의 반대로 진전은 없었지만, 국부 아타튀르크는 아나톨리아 반도에서 새롭게 밝혀지기 시작한 히타이트에 대해 무한한 관심과 호기심을 보였다.

앙카라에는 악칼레라는 소규모 박물관이 있었다. 터키에 산재해 있던 히타이트와 관련한 유물들이 속속 악칼레 박물관으로 도착했다. 수집된 유물이 늘어나자 악칼레 박물관으로는 부족하여 큰 박물관이 필요하게 되었다. 이때 교육부에서는 위에 언급한 두 동의 건물을 새로운 박물관으로 개조하자는 안을 제시하였는데, 이 안이 채택되어 1938년부터 개조 작업에 들어갔다. 건물의 원형을 그대로 보존

아나톨리아 문명 박물관에 전시된 부조물들.

하면서 내부를 박물관으로 쓸 수 있도록 개조한 사업은 30년 후인 1968년에 끝이 났다. 현재의 박물관 건물은 마흐뭇 파샤 옥내 시장 건물이고, 쿠르스훈루 여관은 박물관의 행정 사무실로 사용되고 있다. 박물관의 원래 이름은 히타이트 박물관이 었으나, 아나톨리아 고대 시대의 유물이 늘어남에 따라 그 이름을 현재의 이름으로 바꾸었다.

 히타이트와 관련하여 보면, 아시리아 상인들이 아나톨리아로 들어와 네샤(현재의 퀼테페)에 카룸이라는 시장을 건설하였는데, 이 박물관에는 그 곳에서 발굴된 유물들이 많이 전시되어 있다. 퀼테페에서 발굴된 점토판들도 깨끗하게 보존되어 있다. 흙판에 쐐기 문자로 쓴 편지에다 봉투까지 있는 점토판도 있다. 흙으로

당나귀를 타고 카룸의 입구를 들어오고 있는 아시리아 상인들과 한쪽에서는 점토판을 굽는 장면을 묘사한 그림.

된 봉투지만 오늘날의 봉투처럼 뚜껑을 붙이고 인장을 눌렀다. 아시리아인이 남긴 점토판은 대부분 상업적인 서류들이다.

아시리아 상업 식민 시대 전시장 옆에는 점토판을 굽는 당시 모습을 재현한 모형이 크게 자리하고 있다. 이 모형의 무대는 퀼테페에 있는 아시리아 시장, 즉 카룸의 입구이다. 당나귀를 타고 온 아시리아 상인들이 도시의 왕에게 세금을 낸 후 카룸으로 들어오고 있고, 또 한편에서는 상인들이 거래 이야기를 나누며 점토판에 기록을 하고 판을 굽는 장면들이다. 아나톨리아에 들어와 거래하는 4,000년 전의 아시리아 상인들의 모습을 한눈에 볼 수 있어 유익하다.

퀼테페에서 발굴된 아니타 왕의 청동검은 이 박물관이 자랑하는 소장품이다.

쿠사라 왕족 출신인 아니타와 그의 선왕인 피타나가 히타이트인들의 시조로 여겨지고 있기 때문이다. 길이 29㎝의 이 청동검에는 쐐기 문자로 아니타의 이름이 새겨져 있다. 퀼테페에서 발굴된 유물 중에는 각종 형태의 인장과 소형의 신상, 그리고 제의 행사 때 사용된 돼지, 독수리, 고양이, 토끼의 형상이 있는 주전자 등이 있다. 히타이트인들도 여기에서 발굴된 것과 같은 모양의 인장을 사용하였다. 인장 중에는 직경 1.3㎝의 원통형의 작은 인장도 있다. 원통 주위에 그림과 글씨를 새겨 놓았는데, 원통형 인장을 점토판에 눌러 굴리면 많은 그림과 글씨가 한꺼번에 점토판에 찍힌다. 이를 실린더형 인장이라고 한다.

히타이트인들도 흙으로 도기를 많이 만들었다. 이 양각으로 장식된 화병 형식의 도기가 에스키야파르, 이난득, 비틱에서 발굴되었는데, 그중 대표적인 것이 이난득에서 발굴된 도기이다. 이난득 도기는 결혼식과 함께 춤추고 노래하는 사람, 광대들의 모습이 자세히 새겨져 있고 남녀가 서서 관계를 맺는 장면도 있다. 도기에는 네 층으로 나뉘어져 행사 모습이 상세히 묘사되어 있다. 또한 비틱에서 나온 도기에도 결혼 행사 장면이 장식되어 있다. 비틱 도기에서 남자는 오른쪽, 여자는 왼쪽에 나타난다. 히타이트인들은 오른쪽을 중요하게 생각하였다. 소위 히타이트 의전이다.

히타이트 시대에는 신에게 드리는 제의 행사가 중요하였기 때문에 행사 때 쓰는 술잔을 여러 형태로 만들었다. 특히 팔목과 손을 연결한 형태의 헌주 잔이 유명하다. 대표적인 헌주 잔은 보스톤 박물관과 뉴욕 메트로폴리탄 박물관에 소장되어 있지만, 히타이트 박물관에도 일부 남아 있다. 또한 히타이트인들은 제의 행사에 사용하기 위해 동물 형상이 있는 도기를 남겼다. 그중 대표적인 것은 뿔 달린 황소 두 마리가 있다. 황소 형상의 도기는 높이가 90㎝로 머리에 있는 뿔은 풍우신 테슙

216

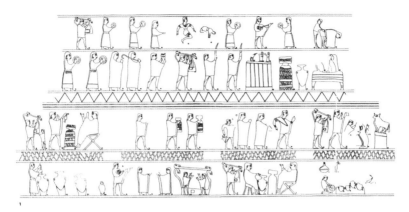

이난득 도기의 외부에 새겨진 결혼 행사 모습. 춤추고 노래하는 사람, 광대들의 모습이 잘 묘사되어 있다.

을 상징하고 있는데, 이 황소의 특징은 알몬드를 박아놓은 듯한 눈에 있다. 눈이 커서 해학적으로 느껴지는데, 이것이 바로 히타이트인들이 도기에 남긴 특징이다. 동물의 눈은 알몬드처럼 크고 얼굴은 웃는 모습을 하고 있어 히타이트인들의 낙관적인 정신 세계를 엿볼 수 있다.

또 하나 빼놓을 수 없는 것은 히타이트 전쟁의 신상이다. 하투샤에 있는 대왕의 문에 있던 신상을 그대로 가져온 것이다. 높이가 225㎝인 신상은 맨발로 주먹을 불끈 쥐고 있는 모습이다. 강인한 히타이트 전사의 모습을 상상해볼 수 있다.

히타이트가 이집트 람세스 2세 군대와 카데쉬에서 세계적인 전쟁을 치르고 이집트와 맺은 평화 조약문은 이스탄불의 고고학 박물관 내 근동 박물관에 전시되어 있다. 앙카라 문명 박물관에서는 이 평화 조약문을 볼 수 없지만, 히타이트의 투탈리야 4세가 타르훈타쉬샤 왕과 맺은 청동판의 조약문은 전시되어 있다. 이 청동판은 히타이트 시대 기록 문서로 발굴된 것 중 최초의 금속판이라는 특징이 있다.

← 히타이트인들의 예술과 생활 모습을 보여주는 이난득 도기.

218

이 박물관의 자랑은 박물관 가운데 홀에 크게 자리하고 있는 히타이트 후기 시대의 석조 부조물이다. 보존 상태가 깨끗하여 보기가 쉽다. 히타이트인들은 하투샤와 야즐르카야 및 그리고 일부 지역에 석조 부조물을 남겼는데, 히타이트인들은 역사에서 사라졌지만, 그들의 영향을 받은 사람들이 기원전 700년대까지 히타이트의 모티브가 짙게 배어 있는 석조 부조물을 대량으로 남겨놓았다. 그래서 후기 히타이트 시대의 부조물을 보면, 히타이트 시대의 문화와 정치, 군사 등을 이해하는 데 크게 도움이 된다. 이 박물관의 가운데 홀 전체가 석조 부조물로 채워져 있다.

석조 부조물은 카르카므쉬, 진지를리, 말라티야의 아슬란테페, 삭차괴쥐, 카라테페 등지에서 발굴된 것들이다. 후기 히타이트 시대의 특징은 석조 부조물을 도시의 벽에 설치함으로써, 석조 부조물을 건축의 한 양식으로 사용한 것이었다. 말라티야의 아슬란테페에서 발굴된 도시의 문에 있던 두 마리 사자상은 전통적인 히타이트의 조각 양식을 따르고 있다. 술루멜리라는 왕이 남자 신과 여신에게 술을 올리는 모습도 있다.

터키와 시리아 국경 지역에 있는 카르카므쉬는 메소포타미아나 이집트가 아나톨리아로 들어오는 길목이었다는 점에서 히타이트 역사에서 중요한 역할을 하였다. 카르카므쉬에서 발굴 전시된 부조물은 후기 히타이트 작품의 대표격이다. 긴 벽(long wall)이라 이름 붙여진 벽에 있는 부조상, 왕의 탑, 영웅의 벽, 수문(水門) 등은 원형 그대로 전시되어 있다. 이들 부조물에는 쿠바바 여신에게 드리는 제의 행사, 말이 끄는 전차와 아시리아 군대와 가진 전투에서 승리한 모습, 남자 신과 여자 신들, 히타이트 신화에 나오는 주인공 등이 묘사되어 있다. 카르카므쉬의 지리적인 위치로 인해 이 부조물들은 히타이트와 아시리아의 영향이 혼합되어 있다.

← 조약문으로 청동판에 새겨졌다. 히타이트 시대의 문서 중 최초로 발굴된 금속판이라는 특징을 갖고 있으며, 가로 23.5cm, 세로 35cm의 사각형 판으로 무게가 5kg이나 된다.

알라자회윅

알라자회윅은 보아즈칼레에서 25㎞ 북동쪽에 있으며, 앙카라에서는 160㎞ 떨어져 있다. 이 곳은 1835년 영국인 헤밀톤에 의해 처음으로 알려지게 되었고, 1907년 테오도르 마크리디 이스탄불 박물관장의 주도 아래 발굴 작업을 시작하였다.

그러나 알라자회윅에 대한 체계적인 발굴 작업은 터키 역사학회 주도로 1935년부
터 시작되어 1983년까지 계속되었다. 알라자회윅은 초기 청동기 및 히타이트 시대
의 종교적 제의와 예술의 중심지로서, 그리스, 로마, 셀주크, 오스만 제국 시대의
유물들이 발굴되었다.

　알라자회윅은 기원전 4000년경부터 시작한 주거층들이 있는 것으로 알려졌으
며, 이 곳의 제4층이 고대 히타이트 시대의 유적지로, 히타이트 시대의 특징을 말
해주는 인장과 도기가 발굴되었다. 또한 이 곳에서는 히타이트 시대의 점토판이
발굴되었는데, 히타이트의 점토판으로서는 하투샤 외의 장소로는 처음으로 발굴

← 알라자회윅 입구에 있는 스핑크스의 문.

↑ 단도를 입에 삼키는 마술사와 공중에 떠 있는 계단을 오르는 마술사를 묘사한
　석조 부조물이다.

되었다. 이 곳에서 발굴된 점토판은 하투샤의 대왕과 타비카(현재의 마사트회윅)의 지방 군주 간에 교환된 서신인데, 서신의 내용은 군사 작전, 도망자, 포로, 범죄자 처벌 등에 관한 내용이며, 종교적이거나 문학적인 점토판은 없었다. 타비카는 히타이트 시대에 히타이트를 계속 위협했던 카쉬카족의 침략을 막는 보루였다.

알라자회윅에서 히타이트 시대의 대표적인 석조 부조물은 성문으로 사용된 스핑크스의 문이다. 이름에서 알 수 있듯이 알라자회윅 입구 양쪽에 스핑크스의 석상이 서 있다. 스핑크스 양쪽 벽 아래에는 풍우신을 위한 제의 행사 모습을 새긴 부조물이 남아 있다. 하늘의 신을 상징하는 황소 앞에 숭배하는 왕과 왕비, 제물로 바칠 동물들, 단도를 삼키며 공중에 떠 있는 계단을 오르는 마술사, 악기를 연주하는 악사 등이 돌에 새겨져 있다. 북서쪽에는 하투샤와 같은 지하 터널이 있고, 제의의 중심 역할을 한 신전이 있었던 흔적이 남아 있다.

퀼테페

퀼테페의 옛 이름은 네샤이다. '퀼'은 터키어로 재, 먼지라는 뜻이며, '테페'는 언덕이라는 뜻이다. 네샤는 아나톨리아에 있는 아시리아 상업 도시로 아시리아인들에 의해 카니쉬라고도 불렸다. 또한 네샤는 히타이트 언어에 이름을 붙여준 도시이기도 하다. 히타이트인들은 자신들의 언어를 네사어라는 뜻으로 니쉴리, 나쉴리, 네쉴리 등으로 불렀다. 네샤에서는 히타이트 언어로 된 최초의 문서인 아니타 기록문이 발굴되었다.

네샤는 아나톨리아 중부의 상공업 도시인 카이세리에서 북동쪽으로 21㎞ 지점에 있다. 네샤는 하투샤와 같이 상도시와 하도시 두 개로 구성되어 있다. 상도시는 당시 거주지가 있던 곳이고, 하도시는 카룸이라 불리며 아시리아인들이 상업을 했던 곳이다. 거주지의 직경은 500m이며, 카이세리 평원보다는 20m 정도 높은 곳에 있다. 카룸의 직경은 약 2㎞로 평평한 지역에 형성되었다.

퀼테페에 대한 관심은 1881년부터 생겨나기 시작했다. 전혀 알 수 없는 점토판이 박물관에 신고되기도 하고, 지역 주민들에 의해 거래되기도 하였기 때문이다. 1893~1894년에 샹트르, 1906년에 빙클러가 이 지역에 대한 발굴을 하였지만, 점토판이 있는 곳을 찾아내지는 못했다. 점토판은 1925년 체크인 흐로즈니에 의해 발굴되었다. 퀼테페에 대한 발굴 작업은 터키 역사학회 주도로 1948년부터 현재까지 이어지고 있다.

퀼테페 카룸의 발굴 현장.

네샤도 알라자회윅과 마찬가지로 다양한 시대의 거주 층으로 구성되어 있다. 상도시의 11~13층은 기원전 약 2250~2000년의 초기 청동기 시대에 해당하는데, 이 시대에는 아직 하도시가 형성되지 않았을 때이다. 네샤는 이 시기에 이르러 건축물이 들어서기 시작했으며, 아나톨리아 북서쪽, 메소포타미아의 남부 및 북부 지역, 북부 시리아 지역과 상업 관계를 맺기 시작하였다. 아시리아인들의 상업 시대는 하도시 II층, 상도시 8층에 해당하며, 아시리아 이리숨 왕(기원전 1974~1935년) 시대인 기원전 약 1945년에 시작하여 나람-신 왕 시대인 기원전 1835년경 끝난 것으로 보인다.

네샤의 왕가와 아나톨리아 현지 사람들은 상도시에서 거주하고, 아시리아 상인은 하도시의 카룸에서 살았다. 상도시에서는 왕실 터가 발굴되었다. 주요 건축 재료가 흙벽돌, 돌, 나무였기 때문에 발굴 현장에는 돌과 흙더미만 남아 있다. 역사적인 관점에서 볼 때, 퀼테페는 아나톨리아에서 최초의 문자 자료가 발굴되었다는 점에서 중요한 도시이다. 이는 아나톨리아에서 문자를 쓰는 역사 시대가 시작되었음을 의미하기 때문이다. 퀼테페에서는 아시리아 상인들이 남긴 점토판이 대량으로 발굴되어 당시의 생활 모습과 상거래 모습을 알 수 있게 되었다.

글을 마치면서

나는 히타이트에 관한 글을 정리하면서 터키에서 고고학의 대부 역할을 하고 계신 타흐신 외즈귀치 교수님과 교수님의 부인이신 니멧트 외즈귀치 교수님으로부터 귀중한 조언과 격려를 받았다. 두 분 교수님은 터키에서뿐만 아니라, 히타이트학과 관련하여 국제적으로 알려진 학자이다. 히타이트에 관한 나의 글이 마무리될 즈음에 나는 타흐신 외즈귀치 내외분 자택으로 방문하여 히타이트 연구에 관한 이야기로 재미있고 보람된 시간을 보냈다. 두 분은 메소포타니아 및 히타이트에 관한 귀중한 도서를 많이 소장하고 있었다. 두 분 학자와 나눈 대화 중에서 일부분을 소개하면서 히타이트에 관한 나의 글을 마치고자 한다.

저자 : 히타이트 역사와 문화가 우리 인류 문명사에 주는 의미는 무엇인가?

타흐신 교수 : 히타이트인들이 아나톨리아 반도에 들어오기 이전에 아나톨리아에는 하티인들이 일구어놓은 수준 높은 문명이 이미 존재하고 있었다. 말하자면 하티인들은 현지인이고, 히타이트인들은 외부에서 이주해온 이방인이었다. 그런데 현지 거주민인 하티인과 이방인인 히타이트인들은 서로 섞여 동화되어 살게 되었고, 히타이트인들은 하티 문화를 받아들여 수용하며 수준 높은 문화와 문명을 발전시켰다. 어떤 의미에서 히타이트인들은 하티인들의 문명을 받아들였을뿐만 아니라, 하티인들의 문명을 한 차원 높게 승화시켰다고 할 수 있다. 다른 문화의 수

타흐신 외즈귀치 교수님 내외분.

용을 통한 자기 문화의 발전이라는 개념이 히타이트 역사와 문화에서 나타나는 중
요한 키워드라고 할 수 있다.

21세기에 사는 우리 현대인들은 과거의 획일성에서 벗어나 다양성을 추구하는
문화의 조류 속에 이미 던져져 있는 상태이다. 문화나 역사라는 것이 언제나 물같
이 흘러가고, 흘러가더라도 다시 돌아오는 속성이 있기 때문에, 현대에 사는 우리
들은 히타이트인들의 정신과 문화를 통해 공존이 가능한 다양성을 창조해낼 수 있
는 지혜를 얻을 수 있을 것이다.

저자 : 터키인들에게 히타이트는 어떤 의미가 있는가?

타흐신 교수 : 인류 역사상 터키가 자리하고 있는 아나톨리아만큼 다양한 문명이 지나간 곳은 없을 것으로 본다. 히타이트도 아나톨리아에서 역사를 만들어간 주체 중의 하나였다. 히타이트도 문명의 땅인 아나톨리아에서 제국을 탄생시켰고, 이 땅에서 자신들의 문화를 꽃 피웠다. 터키인들은 10세기경 아나톨리아 반도에 들어왔으나, 아나톨리아 반도의 주인으로서 그 이전에 나타난 문화와 문명에 대해서도 인류 공동의 문화와 역사라는 점에서 중요하게 생각하고 있다.

터키 공화국의 국부인 아타튀르크가 아나톨리아에 남아 있는 고고학적 유적지에 관심을 갖고 대학에 고고학 관련 학과를 설치하게 하고, 아나톨리아 역사와 문화를 연구하기 위해 터키 역사 위원회를 설립한 것이 그 예라 할 수 있다. 현대 터키인들은 히타이트와 함께 살아가고 있다고 해도 과장된 말이 아닐 것이다. 하티인들이 남긴 동물상을 둘러싼 원반 태양의 조형물은 내가 몸을 담고 일했던 앙카라 대학교 문과 대학의 상징물일 뿐만 아니라, 관광부의 상징물이기도 하다. 앙카라 시내 스히예 광장에는 이 조형물이 세워져 있어 히타이트의 숨결이 앙카라 시민과 함께 하고 있다. 터키 사람들은 히타이트를 히티트라 부르고 있지만, 이전에는 에티라고 불렀다. 거리나 동네 이름, 은행, 유명한 과자 회사 이름에 에티라는 단어를 쓰고 있는데, 이것 역시 히타이트가 터키인들의 생활 속에 얼마나 깊이 파고들어갔는지를 보여주는 예이기도 하다.

저자 : 히타이트 연구는 아직도 진행중에 있는데, 히타이트 유적지의 발굴과 연구는 언제까지 계속될 것인가?

타흐신 교수 : 히타이트에 관한 연구는 히타이트인들이 남겨놓은 점토판의 기

록문이 발굴되면서 박차를 가하게 되었다. 히타이트 연구의 역사가 아직은 짧아, 그 역사를 완전히 구성해나가는 데는 시간을 필요로 할 것이다. 지금도 많은 학자들이 히타이트의 숨은 역사를 밝혀내기 위해 발굴과 연구를 계속하고 있기 때문에, 그들의 연구 결과에 따라 앞으로 정확한 역사 서술이 가능하게 될 것이다.

히타이트의 연구가 주로 점토판의 발굴에 의존하고 있는 점을 감안해볼 때, 점토판의 발굴은 앞으로도 계속되어야 할 것이다. 하나의 가능성이긴 하지만, 히타이트인들이 남긴 점토판이 하투샤 말고도 다른 곳에서도 발굴될지도 모른다. 히타이트 점토판에는 수많은 도시 이름이 기록되어 있지만, 그 도시들의 위치가 정확하게 파악된 곳은 그리 많지 않기 때문이다.

찾아보기

233

참고 문헌

Akurgal, Ekrem : Anadolu Kültür Tarihi, Ankara, 2003

—— : Anadolu Uygarl klar , Izmir, 1995

—— : Hatti ve Hitit Uygarl klar , Izmir, 1995

Alp, Sedat : Hitit Çağinda Anadolu, Ankara, 2000

—— : Hititlerde Şarkı Müzik ve Dans, Ankara, 1999

—— & Süel Aygül : III. Uluslararas Hititoloji Kongresi Bildirileri, Ankara, 1998

Anatolian Civilizations Museum : The Museum of Anatolian Civilizations, Ankara

Bilge, Umar : İlk Çağda Türkiye Halk, Ankara, 1999

Bittel, Kurt : Guide to Boğazköy Ankara

—— : Hattusha, The Capital of the Hittites, New York, 1970

—— : Les Hittites, Gallimard, 1976

Brandau, B. & Schickert, H. : Hititler, Ankara, 2003(역서)

—— : 히타이트, 중앙M&B, 2003(역서)

Bryce, Trevor : The Kingdom of the Hittites, Oxford, 1998

Ceram, C.W. : 발굴과 해독, 푸른역사, 1999(역서)

Çiğ , Muazzez İlmiye : Hititler ve Hattuşa , Istnabul, 2000

Darga, Muhibbe : Hitit Sanatı , Istanbul, 1992

Gurney, Oliver Robert : The Hittites, Penguin Books, 1990

Kuhrt, Amélie : The Ancient Near East Volume 1, London & New York, 1995

Kunst-und Ausstellungshalle der Bundesrepublik Deutschland : Hititler ve Hitit İmparatorluğu, Bonn, 2002

Lloyd, Seton : Ancient Türkiye : A Traveller's History of Anatolia, University of California Press, 1989

—— : Türkiyénin Tarihi, Bir Gezginin Gözüyle Anadolu Uygarliklar, Ankara, 2000(역서)

Macqueen, J. G. : Hititler ve Hitit Çağinda Anadolu, Ankara, 2001(역서)

Özgüc, Tahsin : Kültepe Kazısı, Ankara, 1950

—— : Inand ktepe, Ankara, 1988

—— : The Hittites, Ankara

Schirmer, Wulf : Hitit Mimarlığı, Istanbul, 1982(역서)

Seeher, Jürgen : Hattusha Guide, Istanbul, 2002

Ünal, Ahmet : Hititler Devrinde Anadolu, Istanbul, 2002

—— : The Hittites and Anatolian Civilizations, Ankara, 1999

타산지석 시리즈 진짜 문화 이야기로 가득찬 보이지 않는 세계지도

타산지석 시리즈는 세계 여러 나라의 사람들과 문화를 이해하기 위한 보이지 않는 세계 지도.
눈으로는 볼 수 없는 진짜 문화 이야기를 들려주는 이 시리즈는 각나라마다 달리 나타나는 문화 현상과
사람들의 특성을 그들의 역사와 자연 환경, 주변국과의 관계 등등 다각도의 근거를 들어 흥미롭게 펼쳐낸다.

타산지석 1 영국 바꾸지 않아도 행복한 나라 문화관광부 추천도서 선정
전원경, 이식 지음/ 360쪽/ 12,500원

영국의 진면목을 '삶의 질'이라는 관점에서 통찰한 책 영국의 힘의 원천을 '이성'과 '합리' 그리고 '전통'이라는 코드로 흥미진진하게 읽어내고 있다. 변화에 둔하고 느리게만 보이는 영국인들이지만 그 속에 배어 있는 합리적인 사고방식을 읽노라면 어느새 우리의 정체성과 개개인의 삶의 질을 되돌아보게 만든다.

타산지석 2 그리스 유재원 교수의 그리스, 그리스 신화
유재원 지음/ 292쪽/ 14,500원

국내 최고의 그리스 전문가로부터 듣는 그리스 이야기로, 문명 답사의 새로운 시각을 제시하는 책 아테네를 출발하여 횡(横)으로 전개되는 공간의 이동 속에 종(縱)으로 얽혀 묘사되는 역사와 신화 이야기가 그리스 유적을 더욱 풍부하게 음미할 수 있도록 돕는다. 그리스의 지형적 특성과 자연 환경, 역사를 통해 그리스 사람들의 가치관과 문화, 생활방식을 읽는 즐거움도 선사한다.

타산지석 3 중국 당당한 실리의 나라
손현주 지음/ 352쪽 / 13,900원

급변하는 중국, 그러나 지독히 변하지 않는 중국인의 근성을 말해주는 책 10년 전에도, 지금도, 그리고 10년 후에도 쉽게 변하지 않는 중국인의 근성을 아는 것이야말로 급변하는 중국을 제대로 볼 수 있는 열쇠이다. KT&G의 인삼 연구가 손현주 박사가 인삼 연구와 수출을 위해 다양한 사람들과 만나고, 또 협상하는 과정에서 터득한 중국인의 근성과 사고방식, 협상 노하우, 비즈니스 노하우, 그리고 중국에 대한 이해를 막아왔던 우리의 고정관념 등등을 다양한 경험을 통해 소개하고 있다.

타산지석 4 터키 신화와 성서의 무대, 이슬람이 숨쉬는 땅
이희철 지음/ 352쪽/ 14,500원

터키의 현재와 1만 년 역사 속에 펼쳐지는 신화·성서의 무대인 터키를 만날 수 있는 책 터키가 자리잡은 아나톨리아 반도는 가히 세계사의 축을 이뤘다 해도 과언이 아닐 정도로 다양한 문명의 중심지였다. 그렇기 때문에 현재의 터키를 알고 그 역사와 유적을 되돌아보는 것은 한 나라를 이해하는 차원을 뛰어넘어 세계사의 축소판을 읽는 즐거움을 주기에 충분하다. 터키와 우리는 아시아의 극동과 극서로 지리적으로는 멀지만, 이 지구상에서 우리나라를 '칸카르데쉬(피로 맺어진 형제)'라 부르는 유일한 나라이다. 따뜻한 터키인을 알아가는 즐거움 또한 크다.

타산지석 5 러시아 상상할 수 없었던 아름다움과 예술의 나라
이길주 · 한종만 · 한남수 지음 / 320면 / 14,500원

러시아의 역사와 문화, 사회 전반에 대한 폭넓은 접근으로 러시아 사람들의 낙천성과 종교적인 삶, 생활 곳곳에 배어 있는 예술성과 낭만 등 러시아의 진면목을 보여주는 책. 평생 이빨한 번 닦지 않는 게으름뱅이도 문학을 논할 정도로 독서를 즐기는 사람들, 초대를 받으면 산딸기잼이나 저린 오이 등의 소박한 선물을 들고 가장 명랑한 목소리로 인사를 건네는 사람들, 건배를 하며 누구나 시적인 축사 하나쯤은 읊을 수 있는 사람들, 사우나를 마치면 정령들을 위해 곳곳에 물을 남겨두는 사람들…. 이처럼 정과 낭만이 넘치고 자신의 삶을 아기자기하게 즐기며 사는 사람들의 이야기가 펼쳐진다.

타산지석 6 히타이트 점토판 속으로 사라졌던 인류의 역사
이희철 지음 / 238쪽 / 15,900원

고대 이집트, 바빌론과 함께 오리엔트 3대 제국을 이뤘음에도 불구하고, 땅 속에 묻힌 채 3,000년 동안 철저하게 인류로부터 잊혀져왔던 히타이트 제국의 존재를 생생하게 그려낸 책. 1915년 아시리아 전공 학자인 흐로즈니의 점토판 해독으로 한조각 한조각 역사의 퍼즐이 맞추어지기 시작한 히타이트. 점토판을 따라 그들만의 언어와 역사, 선진적인 문화와 사회 제도, 수준 높은 예술과 문학이 펼쳐진다.

타산지석 7 이스탄불 세계사의 축소판 인류 문명의 박물관
이희철 지음 / 224쪽 / 14,500원

토인비로부터 '인류 문명의 살아 있는 거대한 옥외 박물관'이라는 칭송을 받은 이스탄불! 이책을 펼친 독자는 마치 유능하고 해박한 도슨트의 친절한 안내에 따라 박물관의 여기저기를 둘러보는 것처럼, 이스탄불의 옥외 작품 하나하나 앞에서 그 역사와 전설, 일화를 경험하게 될것이다. 무수한 답사를 통한 생생한 체험을 토대로 한 터키 전문가의 글답게, 독자들로 하여시공을 초월한 입체적인 이해를 돕고 있다.

타산지석 8 독일 내면의 여백이 아름다운 나라
장미영, 최명원 지음 / 256쪽 / 12,900원

독일의 진면목을 '내면의 힘'이라는 관점에서 통찰한 책. 이 책은 독일이 지닌 힘의 원천을 '사색이 낳은 문화' '합리' '원칙' '교양 시민'이라는 키워드로 읽어내고 있다. 자로 잰 듯한 독일의 모습은 '합리적인 것이야말로 최상의 편안함'이라는 그들의 사고방식과 '모든 것은 제자리에 있을 때 가장 아름답다'는 그들의 원칙주의를 대변해준다. 이를 바탕으로 견고한 시스템으로 돌아가는 오늘의 독일을 읽노라면 어느새 우리의 정체성과 잠재력, 그리고 풀어야 할숙제에 대해 되돌아보게 만든다.

타산지석 9 이스라엘 평화가 사라져버린 5,000년 성서의 나라
김종철 지음 / 352쪽 / 15,900원

중동 분쟁의 핵인 이스라엘에 대해 쉽게 풀어쓴 분석서로, 되풀이되는 중동 분쟁에 대한 본질적 문제와 꼬리를 무는 의문들에 대한 일반 독자의 관심에 답해주고 있다. 심도 깊은 연구와 꼼꼼한 답사, 그리고 생생함 체험 속에 걸러진 이스라엘에 대한 시각과 역사, 종교, 민족, 주변국 등의 다각적 접근에 따른 분석이 명료한 이해와 재미를 더해준다. 연일 보도되는 중동 분쟁에 귀 기울이는 이들뿐만 아니라 성지를 찾는 크리스천들에게 이스라엘을 보다 쉽게 설명하기 위한 저자의 노력과 배려가 느껴지는 책이다.

타산지석 10 런던 숨어 있는 보석을 찾아서

전원경 지음/ 360쪽/ 15,000원

〈영국 바꾸지 않아도 행복한 나라〉로 이미 영국통 작가로 알려진 전원경의 런던 읽기. 전통과 변화, 친절과 무관심, 계급과 평등이 공존하는 런던, 런더너에 대한 관찰과 분석을 담은 책으로, 런던을 한층 더 깊고 풍부하게 음미할 수 있는 법을 전한다.

오랜 관심 속에 구석구석 밟아보고, 이야기를 나누고, 정보를 분석한 노력과 맛깔나게 풀어낸 배려가 돋보이는 책이다.

타산지석 11 미국 명백한 운명인가, 독선과 착각인가 문화관광부 추천도서 선정

최승은 · 김정명 지음/ 348면/ 15,000원

세계 초강국 미국의 정체성을 그들의 역사와 일상을 통해 알기 쉽게 풀어낸 책

미국은 신대륙에서 출발한 신생국이며 다인종 다문화로 버무려진 이민자의 나라이다. 전통의 부재, 짧은 역사 콤플렉스, 다양화와 미국화 사이의 쉽지 않은 조율 속에서 세계 제1의 강대국을 이뤄낸 나라, 그 과정에서 형성된 정체성은 무엇이고 일그러진 부작용들은 오늘날 어떠한 모습으로 존재하는지를 다룬다.

타산지석 12 단순하고 소박한 삶 아미쉬로부터 배운다

임세근 지음/ 316면/ 15,900원

문명의 이기를 거부한 채 100년 전 방식으로 오늘을 사는, 아미쉬 공동체 이야기

진보와 발전이 아닌 전통을 지키는 삶이 가장 행복하고, 그 가치관의 변질을 엄중히 경계하는 아미쉬 공동체의 삶을 다룬다.

타산지석 13 이스라엘에는 예수가 없다

김종철 지음/ 222면/ 14,500원

유대인의 정신과 삶에 대한 심층 해부서

'이스라엘에는 예수가 없다'는 키워드로 풀어낸 유대인 이야기로, 막강한 유대인의 파워와 잠재력의 근본 원인을 풀어주는 책이다.